JOFFREY GABRIEL

LE GOÛT DES CRÊPES AU BEURRE SALÉ

roman

l'Archipel

Notre catalogue est consultable à l'adresse suivante :
www.editionsarchipel.com

Éditions de l'Archipel
92, avenue de France
75013 Paris

Contact : info@lisez.com

ISBN 978-2-8098-5055-0

À mon fils,
Ma bataille

Dans trois jours, un violent orage s'abattra sur Quimper, l'Odet débordera de son lit, les allées seront inondées, les habitants paniqués, et un corps sera retrouvé au rez-de-chaussée de l'immeuble du 13, rue Kéréon. Inerte.

Chapitre 1

Jeudi 3 avril
J – 3

Le glacier de la rue Kéréon attire les foules à toute heure. Dans son atelier près de Quimper, il prépare des glaces aux parfums alléchants : caramel au beurre salé, chocolat, cannelle, pain d'épice, sablé, rhum-raisin, marron, nougatine… Il se plaît à raconter au premier touriste venu qu'il occupe le même emplacement depuis vingt ans, de midi à minuit, devant le 13 de la rue Kéréon, avec son chariot. Au printemps, une file d'attente se dessine sur les pavés et il n'est pas rare qu'elle se prolonge jusqu'à la bijouterie du numéro 7.

Roméo maudit les spectateurs qui le regardent s'empêtrer avec sa valise dont les roulettes se coincent entre les pierres. Il ne s'attendait pas à tant de monde. « Studio calme dans rue atypique du centre-ville, à deux pas de la cathédrale », disait l'annonce. Avec son dossier bancal, il n'a pu s'octroyer le luxe d'être trop regardant. N'ayant pas eu la chance de faire une visite, il s'est contenté de clichés de mauvaise qualité sur la devanture de l'agence. Dans le trousseau de clefs qui lui a été remis par la gestionnaire locative, un badge électronique lui permet de s'isoler du vacarme ambiant. La ruelle, son brouhaha, ses odeurs et ses horreurs, il les connaît bien. Il referme la lourde porte en bois derrière lui et observe le hall d'entrée.

L'odeur légère d'un sol qui aurait été lavé avec une serpillière sale flotte dans l'air. Sur sa droite, quatre boîtes aux lettres : Atelier Riou, M. et Mme Briand, Gaël Hamon. Et un emplacement vide pour qu'il y écrive son nom : Roméo Le Gall. Son studio se situe au troisième étage et l'étroitesse de la cage d'escalier n'avait pas laissé, lors de la construction, la place nécessaire pour un ascenseur, lui a communiqué l'agence. Il hisse sa valise sur la première marche en bois recouverte d'une épaisse moquette. Elle contient l'essentiel de sa vie. Il se dit qu'en somme ce n'est pas grand-chose, que son existence ne tient qu'à une poignée d'affaires récupérées avant de quitter son domicile et de bibelots ramassés dans la rue. Chaque vêtement, chaque objet est chargé d'une histoire et renferme un souvenir qu'il ne peut se résoudre à abandonner. Essoufflé au premier palier, il se fait la promesse de se mettre au sport. L'ampoule éclaire d'une lumière blanche la porte de M. Hamon. La sonnette se trouve à quelques centimètres à peine de l'interrupteur, sur un mur jaune poussin. Roméo reprend son souffle, passe la main dans ses cheveux blonds et monte sa valise jusqu'au palier suivant. Sur la porte du couple Briand sont accrochés des dessins d'enfant – du moins, il espère que ce sont des enfants, parce que si Mme Briand dépasse encore les contours de sa licorne avec ses crayons, elle ne mérite pas d'avoir son nom sur une boîte aux lettres.

Un nom sur une boîte aux lettres. Ce sera la première fois. Sa première étiquette. C'est important, une première étiquette. Il ira, dès l'aube, acheter du ruban adhésif et s'appliquera à écrire proprement. Il hisse sa valise et grimpe les dernières marches qui le séparent de son nouveau chez-lui. Il partage son palier avec un placard à balais qui renferme le nécessaire pour le ménage dans les parties communes : un aspirateur, une serpillière, du produit pour les boiseries et des chiffons. *Ce sera ça de moins à acheter*, se dit-il, clamant un droit de jouissance sur les affaires communes. Il tient fermement la clef, qu'il insère dans la serrure. Il pousse la porte. Ce n'est pas le luxe de chez ses parents, mais il a un toit. Un toit, un sommier et un matelas, deux oreillers, une table de chevet, une commode et, dans la salle d'eau attenante, des toilettes, un lavabo et une douche étroite isolée par un rideau en plastique. Il pose sa valise près de son lit et s'installe sur le matelas. Il aurait dû penser à acheter des draps avec l'argent donné par sa mère. Il ira demain. Il les ajoute à sa liste de courses : *ruban adhésif, draps.* Il n'a jamais acheté de draps de sa vie. Ce sera une première. Encore une.

L'annonce disait vrai : le studio est d'un calme religieux. Roméo ouvre le vasistas pour faire entrer un peu d'air frais. Le brouhaha de la rue monte à ses oreilles. Trois semaines qu'il n'a pas dormi dans un vrai lit – ce ne sont pas quelques conversations autour de crèmes glacées et sorbets qui l'empêcheront de trouver le sommeil. Il éventre sa valise et range ses affaires dans la commode qui sent le vieux bois et la cire d'abeille. Dans chacun des tiroirs tapissés se trouvent des pastilles antimites. Il empile ses t-shirts aux côtés de ses pulls, plie ses pantalons et glisse ses chaussures sous le sommier. Dans sa table de chevet, il dépose les recueils de poésie qu'il a lus ces trois dernières semaines, les vers qui lui ont réchauffé le cœur. Apollinaire, Baudelaire et, bien sûr, Prévert.

Rappelle-toi Barbara
Il pleuvait sans cesse sur Brest ce jour-là[1]

Roméo retire ses vêtements et les jette en boule à côté des toilettes. Il réfléchira demain à la façon de les laver. Il se rince le visage à l'eau froide, ferme le Velux et s'allonge à même le matelas. *Ruban adhésif, draps, lavomatique, savon, shampooing, brosse à dents, dentifrice.* Le voilà chez lui. Il allume la lampe posée sur la table de chevet et ouvre *La Pluie et le Beau Temps*, de son poète préféré. Roméo s'endort paisiblement. Il n'aura pas besoin de surveiller ses affaires cette nuit, ni de garder les yeux ouverts, sur le qui-vive. Il se pourrait même que Roméo rêve. Et quand Roméo rêve, il rêve d'amour.

---

1. « Rappelle-toi Barbara », texte de Jacques Prévert, musique de Joseph Kosma.

Chapitre 2

Vendredi 4 avril
J – 2

Avant même de faire couler son café, Élouan empoigne de ses mains rugueuses et sèches le rideau métallique qui ferme son atelier et le remonte. Il inspecte soigneusement son antre. Chaque outil doit être à sa place, chaque paire de chaussures alignée au centimètre près. Une habitude qu'il a gardée au fil des années, un rituel qui conditionne la réussite de sa journée. Rien ne doit être laissé au hasard dans ce petit royaume bâti de ses propres mains. Il se sent alors prêt à accueillir ses premiers clients. Pourtant, il le sait d'expérience, aucune âme ne franchira le seuil de son magasin avant 9 heures – mais il aime prendre son temps. Il enfile son tablier, noue la lanière dans son dos et se dirige vers la gazinière. Il y a trente-deux ans qu'il a installé son atelier au rez-de-chaussée de cet immeuble. Il a connu tous les propriétaires, les locataires, même un couple de squatteurs qui ont profité de la gentillesse d'une personne âgée. Élouan connaît tout le monde dans l'immeuble et le quartier. Certains jours, des voisins s'arrêtent à la fenêtre de sa cordonnerie pour partager un café, une cigarette, discuter de la pluie et du beau temps. « Surtout du beau temps. En Bretagne, il ne pleut que sur les cons, moi je lutte pour rester à l'abri », dirait ce Breton de naissance.

Le cinquantenaire[1] remplit d'eau sa cafetière émaillée. Après avoir tassé le café dans le filtre, il gratte une allumette d'un geste vif et allume sa gazinière. Ce sont les premières odeurs qui embaument la pièce. Il allume la radio et prête une oreille inattentive aux informations. Suit une émission qu'il n'écoute pas, mais qui meuble le silence de sa vie. Nul autre bruit dans l'atelier – ne serait cette phrase lancinante qui résonne sous son crâne : « Tu n'es pas mon père, de toute façon. »

Comme chaque matin, il s'applique à ranger sa table de travail. Il débarrasse des ceintures qu'il a laissées traîner, des bouts d'élastique, des patins couleur caramel. Il trie les fraises pour semelles et les classe par taille. Les ciseaux retrouvent leur emplacement initial, et le tournevis plat regagne le râtelier. Un coup de balayette – la poussière s'envole et retombe sur les tomettes. Dans sa boutique, il expose quelques-unes de ses créations, celles qu'il n'offre pas à sa femme. Des sacs à main en cuir, des portefeuilles et des porte-clefs. Il crée quand il s'ennuie et que l'après-midi s'étire en longueur.

Il verse l'épais liquide dans une tasse blanche. En hiver, il aime poser ses mains sur la porcelaine et sentir

1. « Bien tassé », ajouterait-il, pour se moquer lui-même du temps qui passe.

la chaleur du café se propager en lui, mais, maintenant que les bourgeons du printemps éclosent sous le soleil breton, il préfère poser sa tasse à côté des différentes colles et la laisser refroidir.

Tu n'es pas mon père, de toute façon.

Sa boutique offre la meilleure vue de tout Quimper. Sous ses yeux la rue Kéréon vibre du matin au soir : les travailleurs, les touristes, les jeunes, le marchand de glaces, les allées et venues de toute une ville, à l'ombre de la cathédrale Saint-Corentin. Les maisons à pans de bois, typiques du centre historique de Quimper, se dressent fièrement, leurs façades ornées de motifs celtiques. L'odeur des crêpes beurrées et des kouign-amanns chauds se mêle à l'air marin qui remonte de l'Odet. Un premier client vient s'accouder à son comptoir, comme à un bar-tabac.

— Ah, te voilà, Marc ! Comme d'habitude, dès que le café a fini de couler, tu pointes le bout de ton nez !

— Sers-m'en donc une tasse, tu ne vas pas me faire attendre.

Élouan attrape sa cafetière. C'est son premier sourire du matin. La première personne avec qui il échange.

— Comment va Agathe ? s'enquiert l'homme en portant le liquide à ses lèvres.

— Comme d'habitude. Hier soir encore, elle m'a demandé de lever le pied. « Tu passes plus de temps avec tes chaussures qu'avec moi. »

— Un classique.

— Comme tu dis. Mais je suis encore loin de la retraite. J'ai essayé de calculer, il faudrait que je travaille encore au moins huit ans si je veux un revenu correct.

— Et tu n'arriverais pas à te trouver un apprenti ? Un petit jeune que tu paierais une misère pour faire ton boulot à ta place.

— Parce que tu en connais, toi, des jeunes qui aimeraient fabriquer des clefs et réparer les chaussures puantes d'inconnus ? Ça n'intéresse plus personne aujourd'hui. Quinze jours déjà que j'ai mis une pancarte pour dire que je cherchais quelqu'un, pas une seule candidature !

Élouan attrape un tissu, l'imbibe de graisse Le Phoque et l'applique sur une paire de Dr. Martens. Les cercles qu'il dessine sur le cuir sont mécaniques.

— En parlant de jeune, reprend-il, il y a un p'tit nouveau au troisième.

— Un étudiant ? demande Marc.

— Je ne sais pas encore, je ne l'ai pas croisé. J'ai juste fait fabriquer hier un double des clefs pour l'agence. La gestionnaire m'a informé que c'était loué. J'ai tenté de connaître l'identité du nouveau locataire, elle n'a rien voulu me dire, à ceci près qu'il arriverait dans la nuit et qu'il était pressé de prendre le studio. Elle faisait claquer ses chaussures sur les pavés. Son talon droit était tout abîmé.

— Tu ne lui as pas proposé de lui réparer ?

— J'fais pas dans le bénévolat ! Le p'tit jeune est arrivé hier soir, je suis parti avant de le croiser. Vu la taille du studio, je doute qu'il reste longtemps. Ce n'est pas plus grand que mon atelier. Une vingtaine de mètres carrés qu'il paie une fortune, en plus. Tu te rends compte, près de quatre cents euros pour avoir la joie d'avoir tes toilettes à moins d'un mètre de ton lit.

— Ça a le mérite d'être pratique pour les gueules de bois, s'amuse Marc.

— La douche à deux mètres de la cuisinette. Tu peux jeter l'eau des pâtes dedans quand l'évier est bouché.

— Il faut bien un premier logement quand tu es jeune. Tu crois que ton fils trouvera un deux cents mètres carrés avec l'argent de son stage ?

Élouan est renvoyé à la réalité. Son fils. S'il lui arrivait quelque chose ? Marc soulève son coude du comptoir et avale son café.

— Toujours aussi fort, ton truc ! Je ne sais pas comment tu fais pour boire ça tous les jours !

— Si tu n'es pas content, la brasserie, c'est deux numéros plus bas dans la rue. C'est aussi deux euros !

— Allez, je file !

Élouan salue son ami. Il aime ces rituels qui lui créent une routine depuis trente-deux ans. Derrière la porte de son atelier gronde la tempête matinale, « l'ouragan du deuxième » comme il aime l'appeler. Les voix éclatent dans la cage d'escalier, ça se bouscule, ça se chamaille, ça se dispute. De la porte de l'immeuble jaillit une fillette qui se coiffe les cheveux.

— Tu vas finir par te faire des nœuds à toujours y passer ta main !

— Bonjour, Laurène, lance le cordonnier.

— Oh, pardon, bonjour, Élouan ! Dis « bonjour », Rose.

Chapitre 3

Vendredi 4 avril
J – 2

Un bonjour timide glisse des lèvres de la petite fille. Laurène lui donne une main ferme et, de l'autre, soutient sa deuxième fille. Endormie dans son écharpe de portage, la petite a choisi de ne pas dormir la nuit et de fermer les yeux lorsque le soleil se lève. Deux mois que Laurène et son mari essaient de trouver un rythme. Rien n'y fait : les longues marches dans l'appartement, le lit parapluie, le cosy, le berceau, le couffin, les berceuses, les bruits blancs, roses, rouges, bleus ou verts. Toutes les couleurs ne suffisent pas à calmer le nouveau-né. Laurène bataille avec les playlists Spotify, elle a la sensation de diffuser des arcs-en-ciel alors que ses nuits demeurent blanches.

— Regarde avant de traverser, Rose.

La fillette est en maternelle. Elle a la tête en l'air. Quand sa mère lui demande de s'habiller, elle oublie parfois ses chaussettes, met ses pantoufles au lieu de ses chaussures. Depuis que la cadette est arrivée, Rose a les cheveux en pagaille, sa mère lui fixe une barrette sur le devant, pour que sa mèche ne tombe pas devant ses yeux. Rose préférait quand elle était fille unique : au moins elle avait des cheveux de princesse.

— Avance, le bonhomme est vert.

La semaine prochaine, Rose fête ses quatre ans. Elle sait déjà lacer ses chaussures et compter deux par deux, comme Franklin. Mais, bientôt, c'est son anniversaire. C'est sa maîtresse qui le lui a rappelé. Elle est surprise, papa et maman ne lui ont pas encore demandé quel cadeau lui ferait plaisir. Elle a déjà une longue liste en tête. Son amie Swann a la longue robe de la princesse Elsa. Elle voudrait la même pour jouer à jeter de la glace, comme dans le dessin animé. Elle adorerait des Duplo et des livres. Ce ne sont pas tant les pages qu'elle aime tourner que le moment où son père ou sa mère s'assied sur le bord de son lit pour lui lire une histoire. Il y a longtemps que plus personne ne lui lit d'histoires – depuis l'arrivée de sa petite sœur, précisément.

— Tu sais que, le vendredi soir, papi et mamie viennent te chercher, explique Laurène à sa fille.

Cette dernière hoche la tête. Laurène se dit qu'elle aurait dû prendre la poussette. La petite grandit et pèse presque cinq kilos déjà. Au début, cela lui semble léger. Puis, avec les escaliers, les pavés, le sac pour la maternelle sur l'épaule, la main tendue vers Rose, le poids finit par se faire ressentir. Elle a l'impression de se tenir courbée et que sa colonne vertébrale va se rompre.

— N'oublie pas d'être sage avec papi et mamie, répète Laurène à sa fille qui franchit le portail.

Elle la surveille tandis qu'elle pénètre dans la cour, lui adresse un signe de la main. Rose lui souffle un baiser dans le vent. La petite, contre son corps, a le hoquet dans son sommeil. Laurène l'observe, silencieuse. *Qui es-tu ?*

Sur le chemin du retour, ses yeux fixent ses pas. Elle pourrait compter les pavés qu'elle foule si elle ne pensait à autre chose. Laurène aime sa ville, mais elle ne la regarde plus. Elle a toujours habité Quimper. Elle jouit du charme d'une grande ville et d'un sentiment de vie de quartier : au bas de sa rue se trouve l'école ; à quelques centaines de mètres à peine, sur le trajet du retour, se trouve le cabinet de décoration d'intérieur où elle travaille, et ses parents habitent une maison de ville sur la rive est de l'Odet, à dix minutes à pied seulement. Elle remonte la rue Kéréon sans prêter attention aux façades en pierre, aux commerçants qui soulèvent leur grille, aux passants qui la saluent. C'est dommage, elle ne voit pas les parterres de fleurs, le soleil qui chatouille les fanions colorés volant au vent léger, la vitrine du Meilleur Ouvrier de France présentant ses plus beaux kouign-amanns. C'est le matin, mais, dans le cœur de Laurène, c'est tout le temps la nuit. Si elle devait repenser son intérieur aujourd'hui, elle mettrait du noir partout, elle accrocherait d'épais rideaux qui ne laissent pas passer la lumière, puis elle arracherait ces lettres de bois sur la porte du fond du couloir.

Elle pense à Antoine, à leur mariage, aux rêves qu'ils avaient partagés. Mais ces souvenirs sont des fragments qu'elle préfère classer soigneusement, dans un coin de son esprit. Il y a des jours où elle se sent presque détachée de lui, comme si leur vie de couple appartenait à une autre époque, avant que tout ne devienne si compliqué, si confus.

Elle pose ses mains sur le corps de sa fille qui se réveille lentement. Peut-être a-t-elle froid, se dit-elle. Sans doute n'est-elle pas habituée à se retrouver seule dans une écharpe de portage, ou seule tout simplement. Laurène l'enveloppe de son amour.

— On va boire le biberon, hein ? D'accord, ma chérie ?

Quand sa mère lui parle, elle lui parle en « on », comme si mère et fille ne formaient plus qu'une seule personne. *On* fait dodo, *on* fait la sieste, *on* fait un rot... Laurène vit désormais à travers sa fille.

— Rebonjour, Élouan.

Elle force un sourire en passant devant la cordonnerie. Sa voix est douce, polie, mais dénuée de toute émotion véritable. Ce n'est qu'un masque, une manière de maintenir les apparences, de faire comme si tout allait bien. Juste quelques mots, puis elle s'empresse de continuer son chemin. Une routine bien huilée... Tous les matins, elle quitte son mari et son appartement. Elle salue le cordonnier qui occupe l'atelier du rez-de-chaussée, accompagne Rose au bout de la rue et revient. Cette sortie à l'extérieur est son unique bouffée d'oxygène quotidienne. C'est le seul pas dehors qu'elle s'autorise pour l'instant. Elle pousse la porte de bois, monte au deuxième étage et croise Gaël sur le palier du premier.

— Vous souhaitez que je vous aide à descendre ?

Chapitre 4

Vendredi 4 avril
J – 2

Le premier réflexe de Gaël quand il sort de chez lui est de tâtonner sur le mur à sa gauche à la recherche de l'interrupteur, quand tout est opaque. Les contours des objets se fondent les uns dans les autres et il lui est difficile de distinguer les marches des escaliers. Dix-neuf. Il y en a dix-neuf, il le sait, il les a comptées pour s'habituer à l'obscurité. L'ampoule au-dessus de lui et celle du deuxième étage s'allument. Il passe sa main dans ses cheveux pour les coiffer en arrière en imaginant que cela lui donne un look Jake Gyllenhaal. Le teint légèrement blafard, la barbe de quelques jours, mais le sourire large et radieux, il remercie sa voisine. Il la trouve gentille, Laurène, elle lui demande presque tous les jours s'il a besoin d'aide. Ce n'est pas parce qu'il a une canne qu'il a besoin d'aide, mais elle est gentille. Il entend leur nouvelle petite pleurer la nuit, parfois. Il faut dire que l'isolation des plafonds et planchers date un peu. Cela lui rappelle quand son fils était petit, les nuits blanches, les chansons qu'il lui murmurait, les premiers pas sur le tapis du salon. Les enfants grandissent comme des bourgeons au printemps, se déployant et s'épanouissant bien trop vite, chaque journée étant une saison en soi, nous laissant à peine le temps de savourer leur innocence.

Gaël allume et Laurène plisse les paupières. Elle protège, de la paume de sa main, les yeux de sa fille serrée contre elle. « Il ne faudrait pas la réveiller », dit-elle. Laurène ne s'aperçoit pas que c'est elle qui a besoin de lumière. *Elle est plongée dans le noir du matin au soir, plongée dans une nuit sans lune, si seulement quelqu'un pouvait allumer son soleil,* pense Gaël.

Tout est modérément flou, et les contrastes sont peu définis. Il y voit en noir et blanc, comme les chats. Voilà cinq ans déjà que sa vue a commencé à baisser. Les premiers mois, c'étaient de légères taches noires qui venaient se poser sur son quotidien, puis la lueur a perdu de son éclat. Il a même acheté une lampe de poche pour éclairer l'intérieur de ses placards.

Le jour où il n'a plus fait la différence entre le pot de moutarde de Dijon – celle à l'ancienne, sa préférée – et son pot de confiture aux fruits rouges – un classique – a été le plus difficile de sa vie. Non parce qu'il a croqué goulûment dans sa biscotte de moutarde trempée dans du café et qu'il a crié le nom de tous les apôtres, mais parce qu'il a compris que sa vie ne serait plus comme avant. Oui, il aurait pu sentir que la confiture avait une odeur étrange, quoique avec un bon rhume plus rien n'ait d'odeur. Le monde autour de Gaël est devenu une toile d'ombre et de lumière, les détails s'évanouissent et, avec eux, les souvenirs de ce qu'était la vie avant.

Dehors, le soleil brille de mille feux. Il peut distinguer les contours des immeubles, les colombages sur les façades. La cathédrale se dessine en ombre chinoise.

— Bonjour, Élouan, tu vas bien ? demande Gaël au cordonnier.

— Ça va, comme tu peux le voir.

Gaël aime beaucoup Élouan, parce qu'il ne lui rappelle pas en permanence qu'il est malvoyant. Son humour est grossier, voire osé, mais il le fait rire. Et il en a bien besoin.

— Tu pourras me rendre un service, s'il te plaît ? J'ai l'impression que mon pachira fait la gueule. Je soupçonne des cochenilles, mais, je ne vais pas te mentir, si elles veulent jouer à cache-cache avec moi, je sens que je vais vite perdre la partie.

— Je monterai dans la matinée jeter un œil, ne t'en fais pas, lui répond Élouan en finissant de coller une semelle sous une chaussure.

Le trentenaire le salue d'un geste de la main et se dirige vers la cathédrale. Il n'a pas vraiment besoin de sa canne pour marcher – pas encore. Quand les silhouettes se dirigent vers lui il les évite si besoin, mais lorsqu'il la met en avant, qu'il la dresse fièrement devant lui, elle a pour effet miracle de scinder la mer en deux et de lui ouvrir le passage dans les rues commerçantes. La vie est un combat, se dit Gaël. Et tant qu'il a la capacité de voir un peu, tant qu'il peut encore avancer sans trébucher, il ne s'avouera pas vaincu. Il traverse la place Saint-Corentin, séduit par les odeurs du marché. Ses étals colorés débordant de produits du terroir breton, les odeurs de saucisses fumées, de cidre brut et de beurre salé envahissent l'air, se mêlant aux accents chantants des marchands qui proposent leurs spécialités. Ici, le fromage de chèvre de Plogastel-Saint-Germain côtoie les galettes faites à la minute, tandis que des étals regorgent de poissons fraîchement pêchés.

Gaël arrive au musée des Beaux-Arts où il travaille du mardi au samedi comme vendeur à la boutique de souvenirs. Il connaît toutes les œuvres du musée. Il aime les tableaux, adore les arts décoratifs (vases de la manufacture de Sèvres, broches en forme de libellule, et même les bracelets en topaze), mais par-dessus tout il idolâtre les sculptures. Le travail de l'homme sur l'objet, la courbure du temps sur la pierre, les veines de la Terre dans le marbre. Gaël s'émerveille des formes, des courbes, de la douceur, mais aussi de la dureté angulaire de certaines œuvres.

Gaël s'installe derrière le comptoir. Dans la boutique du musée, des bougies parfumées dégagent une odeur de musc blanc et de miel, un mélange sucré et épicé qui crée une atmosphère intemporelle. Il n'a pas eu le temps de passer au vestiaire pour déposer son sac, alors il le jette à ses pieds.

Chantale, la vendeuse, qui est déjà en train de réorganiser les rayons, le salue.

Ils travaillent ensemble depuis six mois. Elle habite à Douarnenez. « C'est un petit peu loin », dit-elle, mais elle n'est pas du genre à se plaindre, elle prend toujours tout avec le sourire. Chantale est solaire : elle fredonne quand elle range les catalogues sur les étagères, adore parler de la pluie, aime le déchaînement des vagues sur les Roches blanches et porte toujours de longs colliers de perles fabriqués par sa petite-fille. Il lui reste encore quelques mois à travailler avant de prendre sa retraite, mais elle commence chaque journée avec l'énergie d'une jeune étudiante. Gaël, entre la retraite et les études, n'est pas vraiment à mi-chemin de sa carrière. Son chemin n'est pas tracé. Il navigue à vue, mais sans rien voir. Il erre.

Depuis que sa vision se floute, il s'attache aux œuvres d'art. À l'heure du déjeuner, il entre dans le musée par la sortie en présentant son badge et les observe. Il se nourrit des paysages, des formes géométriques, de l'histoire. Il se nourrit comme un boulimique en crise, jusqu'à la satiété. Il essaie de découvrir de nouveaux détails, de comprendre la superposition des matières, d'analyser la main de l'artiste derrière sa création. Gaël a peur. Il ne le dit à personne, mais il tremble chaque matin en ouvrant les yeux, terrifié de ne plus rien y voir. De ne plus jamais le voir. De ne pas le voir grandir, devenir un homme.

— Tiens, regarde, lui dit Chantale en lui soumettant un ouvrage, c'est *Le Bestiaire* de Guillaume Apollinaire.

Elle feuillette les pages pour lui et lui présente les images, comme si elle parlait à un enfant. Elle est attentionnée. Maladroite, mais attentionnée. Gaël sent son souffle lorsque les pages se tournent, son parfum à la rose dont l'odeur se rapproche plus du pot-pourri que de la fleur. Il discerne les contours des dessins, peut difficilement lire les poèmes et se souvient qu'il n'a pas encore mis ses lunettes. C'est sa douzième paire depuis que la maladie a gagné du terrain. Douze paires et autant de déceptions.

— Je le place sur l'étagère du fond, auprès des jouets pour enfants.

Elle est gentille, Chantale, elle ferait une excellente assistante sociale ou conseillère en insertion : elle aime tellement parler aux gens.

— Tu m'en mets un de côté ? lui demande Gaël.

— Pour ton fils ? Bien sûr ! C'est la semaine prochaine que tu le gardes ?

— Eh oui, la première semaine des vacances scolaires ! J'attends ces moments-là, tu n'as pas idée. Sur le papier, c'est bien d'avoir du temps pour soi, mais en réalité, le dimanche soir, dès que sa mère vient le chercher, je compte les heures jusqu'à son retour, deux week-ends plus tard.

— Un bel homme comme toi ! Tu devrais t'amuser, sortir un peu quand tu n'as pas ton fils. Tu sais, ce dont a besoin ce petit, en premier, c'est un père heureux.

— Et si c'était *lui* qui me rendait heureux ?

— Sentimental que tu es ! C'est parce que ce sont les vacances scolaires que tu as posé ta semaine ?

— Oui, elle est censée me le déposer dimanche soir.

— Vous allez faire quelque chose ?

— J'ai prévu de l'emmener dans un parc d'attractions. J'ai réservé un hôtel pour quatre nuits, puis une auberge à Brest parce qu'il rêve de voir Océanopolis.

— Eh bien dis donc, il va se régaler !

La matinée file au rythme des « Sept et huit qui font dix », « Sur le comptoir à votre droite », « En espèces ou en carte bleue ? », « Je crois qu'il nous en reste en réserve », « Chantale, tu peux montrer à cette jeune femme où se trouvent les puzzles ? », « Je vous mets un sac avec ceci ? », « Passez une bonne journée ». Dans la voix des clients, il entend la gêne, un mélange d'empathie et de moquerie. Ses lunettes, son regard erratique qui ne se pose pas, ses iris légèrement laiteux. Les clients défilent comme des ombres peintes par un impressionniste.

Un jeune homme entre par le tourniquet qui conduit à la rue. Il ne vient pas du musée, et rares sont les acheteurs qui se rendent à la boutique sans avoir au préalable déambulé entre les œuvres. Sa tête vacille de droite à gauche, on dirait qu'il cherche quelqu'un ou qu'il est perdu.

— Si vous cherchez l'entrée du musée, il faut revenir sur vos pas et prendre la grande porte à droite, lui explique Gaël.

Le jeune homme est déboussolé, il marmonne quelque chose dans sa barbe.

Chapitre 5

Vendredi 4 avril
J – 2

— Je n'ai pas entendu ce que vous avez dit, pouvez-vous répéter ? lui demande l'homme derrière le comptoir.

Roméo aime l'art. Il aime les livres, les poèmes, les histoires d'amour. Travailler dans un endroit comme celui-ci, ce serait idéal. Il saisit son courage à deux mains et avance vers le guichet.

— Je suis venu déposer mon CV au cas où vous recherchiez quelqu'un. Je viens tout juste d'emménager dans le quartier et j'ai vraiment besoin d'un travail.

Le préposé semble bien embêté. Il tape quelque chose sur son ordinateur, glisse un écouteur dans son oreille et, après quelques secondes, lui répond qu'il n'y a pas de poste à pourvoir.

— Vous seriez venu il y a six mois, vous auriez pu être à la place de la dame là-bas, dit-il en pointant la vendeuse qui s'applique à aligner les cartes postales.

Ils ont l'air complices, tous les deux, pense Roméo. Il ne doit pas désespérer, il savait que ce serait l'étape la plus compliquée. *Sans expérience, pas de travail. Sans travail, pas d'expérience.* Les mots de son père résonnent encore dans sa tête. Il les déteste, et pourtant, partout où il va, il entend qu'il n'est bon à rien.

— Et lorsque l'un de nous part en congé, le musée fait appel à une société d'intérim pour le remplacement. Vous avez pensé à vous rapprocher de l'une d'elles ?

— Je préférerais trouver quelque chose de stable.

— Vous voulez que je vous conseille quelques adresses ? lui propose Gaël.

Roméo lit le badge accroché sur son pull. Oui, il aime beaucoup lire les badges. À la caisse du Carrefour, il nomme le caissier par son prénom, la dame à l'accueil par le sien, et l'homme de sécurité « Sécurité ».

— Ce serait très gentil, merci beaucoup.

Gaël étale un plan de la ville, plus précisément du quartier historique, sur le comptoir. *C'est donc vrai, certaines personnes peuvent être altruistes ?* Roméo est surpris par cet inconnu qui lui livre l'histoire du quartier. Peut-être est-ce dû à son handicap : il semble avoir des difficultés à retrouver les rues sur la carte, plisse ses paupières pour lire le nom des ruelles et se trompe une fois sur deux.

— Si vous remontez la rue Élie-Fréron – ce doit être celle-là –, vous tomberez sur la place au Beurre. Là-bas, vous trouverez à coup sûr une crêperie qui aura besoin de bras. Il n'y a que ça ! Les beaux jours arrivent, les terrasses vont commencer à se remplir.

Roméo observe Gaël qui essaie de lire le nom des rues sur la carte, notant avec une pointe d'envie combien cet homme semble à l'aise dans sa vie malgré ses difficultés. Il le remercie. Serveur. Ce n'est pas forcément ce qu'il avait en tête. Roméo s'imaginait travailler dans un lieu artistique : le cinéma derrière la cathédrale n'avait besoin d'aucune aide pour nettoyer le pop-corn écrasé au sol entre deux séances ni au guichet ; les clients désertent les librairies au profit des ventes en ligne, lui a indiqué le gérant d'un antre aux histoires dans lequel il projetait de travailler jusqu'à sa retraite quand il en a franchi le seuil ; même les musées de la Faïence, de la Broderie et de la Culture bretonne ont refusé son CV. Il a besoin de travailler, il a bien vu le montant du loyer lorsqu'il a signé son bail et l'argent que lui a donné sa mère ne couvrira pas un mois supplémentaire.

Après avoir remercié le vendeur, Roméo quitte le musée. Le soleil, déjà haut dans le ciel, l'éblouit alors qu'il se dirige vers le café où il a imprimé ses lettres de motivation ce matin.

« Je m'appelle Roméo Le Gall, et je suis passionné par le monde de l'art sous toutes ses formes. Bien que je n'aie pas encore eu l'opportunité de travailler dans un musée, un cinéma ou une librairie, ma passion et mon désir d'apprendre me poussent à rechercher activement un poste au sein de l'un de ces établissements. Mon intérêt pour l'art a été une constante dans ma vie, et je suis convaincu que ma motivation et mon engagement me permettront de devenir un membre précieux de votre équipe. »

Simple copier-coller d'un modèle trouvé en ligne, son texte d'accompagnement n'a aucun intérêt, mais on lui a dit que cela se faisait, alors il le fait. C'est son amie Éléa qui le lui a dit. Elle est partie vivre au Canada pour ses études. Hier soir, elle lui a envoyé une photo. Il y avait plus d'un mètre de neige devant sa porte, elle n'a pas pu se rendre à l'université. Elle ponctue ses messages de *tabarnak* pour le faire rire. Mais Roméo ne rit plus ces derniers jours, il a le cœur gris comme le temps breton. Enfin, pas celui d'aujourd'hui, parce qu'il fait un grand soleil.

Sur la place, un vieillard est assis à même le sol, derrière un carton réclamant quelques pièces. Sa barbe est longue, ses ongles sales et son manteau élimé. Sa chienne dort sur ses genoux. C'est à se demander s'il n'est pas assis en tailleur uniquement pour créer un nid à son labrador. Il n'ose pas bouger de peur de le réveiller, ou bien est-ce parce qu'il a oublié qu'il le pouvait ? Un jour, il a peut-être cherché à se lever, ses genoux ont fléchi, ses jambes se sont raidies, mais il s'est rendu compte qu'il n'avait ni but ni destination, comme si son corps se souvenait du fonctionnement mécanique, mais que son cœur n'avait plus de raison de battre. Roméo a un lien particulier avec les tournesols qui se plantent en ville, avec ces visages qui se tournent vers le soleil et se referment la nuit, sur ces corps qui se recroquevillent sur eux-mêmes, pour préserver leur chaleur, préserver leurs affaires, préserver leur pudeur. Roméo sait que les jours de pluie sont plus nombreux que les printemps. Il s'approche et donne au vieillard les pièces qui traînent au fond de sa poche. L'homme le remercie, sans chercher à comprendre d'où vient la main tendue. Elles sont si rares.

Sur la route vers la place au Beurre, Roméo regarde dans son téléphone l'origine de ce nom. Est-ce parce qu'il y a beaucoup de crêperies qu'ils l'ont nommée ainsi ? Ou est-ce un nom qui tire son origine des temps antérieurs aux galettes ? Qui s'occupe de renommer les lieux, d'ailleurs ? C'est vrai, ça, qui est chargé de mettre des Général-Leclerc et des rues du Paradis dans chaque ville de France ? Sur la place, neuf crêperies se préparent pour le service de midi. Des touristes sont déjà installés en terrasse, jouissant des premiers (et peut-être derniers) rayons de soleil.

Une femme – qui ne porte pas de badge à son tablier – ondule entre les tables, le plateau savamment en équilibre sur sa main. Elle prend les commandes sur son calepin, apporte des assiettes à un couple d'Écossais – Roméo n'est pas le roi des physionomistes, mais le kilt en tartan ne trompe que rarement – puis nettoie d'un coup de chiffon la table qui vient de se libérer. La proie semble parfaite, la serveuse semble débordée.

— Bonjour, madame, est-ce que je pourrais parler à votre responsable ? Je cherche un travail.

— Mon responsable ? s'étonne-t-elle. Trente ans que je n'ai pas eu un patron sur le dos, ce n'est pas demain la veille que ça va commencer ! Tu veux faire quoi ? Salle, plonge, cuisine ?

L'échange est pragmatique. Les personnes qui vont droit au but lui font peur. Comment peuvent-elles répondre du tac au tac ? Elles n'ont pas tourné sept fois la langue dans leur bouche. Peut-être regrette-t-elle déjà de s'intéresser à lui.

— Pour tout vous dire, je n'ai fait aucun de ces postes, mais j'ai un bon contact avec les gens.

— Tu préfères le beurre salé ou doux ?

— Pardon ?

— Le beurre, répète-t-elle, tu le préfères salé ou doux ?

— Salé, naturellement.

— Très bien, tu seras à l'essai ce soir. Présente-toi à 18 heures, pantalon noir, chemise noire, chaussures noires. Je ne te promets pas le paradis, mais la saison commence plus tôt que prévu et j'ai bien besoin d'une personne en plus.

Aussitôt, la patronne de l'établissement lui tourne le dos et emporte son plateau de vaisselle sale à l'intérieur. Elle le pose sur le comptoir derrière lequel un jeune homme prépare des bolées de cidre. Elle soulève son poignet et regarde sa montre. Il est midi. Les cloches de la cathédrale sonnent. Elles résonnent dans le vieux Quimper. Il reste six heures à Roméo pour apprendre à devenir serveur. *Ça ne doit pas être si compliqué, si ?*

Il quitte la place au Beurre et se presse vers la rue de la Boucherie qui, comme son nom ne l'indique pas, est bordée de magasins de prêt-à-porter. Il entre dans le seul dont la vitrine présente des mannequins masculins. Il repense à ces après-midi shopping avec sa mère. Il détestait cela. Tous les six mois, au fur et à mesure que son corps grandissait, que sa morphologie changeait, elle le traînait en centre-ville. Pour elle, c'était certainement le plus beau moment de la semaine ; pour lui, le premier cercle de l'enfer.

— Bonjour, jeune homme, je peux vous renseigner ?

La vendeuse lui offre un large sourire. Elle doit être profondément gentille parce que, à le regarder, avec ses vêtements de grandes chaînes promouvant la main-d'œuvre asiatique, elle peut être certaine qu'il ne va pas tripler son chiffre d'affaires du mois.

— Je recherche un pantalon et une chemise noirs, je commence un nouveau travail ce soir.

— Suivez-moi, je vais vous montrer ce que nous avons en rayon.

Visiblement, la jeune femme est contente d'avoir de la visite entre midi et deux. Elle venait tout juste d'ouvrir sa salade derrière le comptoir, mais semble ravie de l'aider. Justine. Le badge est élégant, avec un léger effet miroir.

— Je peux vous proposer ce pantalon de costume noir, il taille un petit peu grand, je pense qu'avec un trente-huit vous serez à l'aise.

Roméo ne peut s'empêcher, alors qu'elle lui tend le vêtement, d'observer l'étiquette du prix. Il manque d'air. Cent euros ? C'est un quart de son loyer.

— Si le prix est un facteur important, je peux vous proposer ce jean. Il a une coupe droite, il est noir, il semble cocher les cases, et il est à soixante euros.

Roméo est gêné, il prend les deux sur son bras et se dirige vers la cabine d'essayage au fond de la boutique.

— Je vous apporte une chemise rapidement, je dois juste la trouver. Le logiciel dit qu'il en reste une en M, mais je ne remets pas la main dessus. Les chemises noires sont très populaires en ce moment. C'est vrai qu'avec une chemise noire on peut se rendre à la fois à un entretien d'embauche, un enterrement et une soirée en boîte de nuit. C'est un incontournable du placard d'un homme.

Elle continue de parler alors qu'il ne l'écoute plus. Il retire son pantalon de jogging, peut-être que s'il avait porté un pantalon à pinces à cent euros, il aurait obtenu un entretien avec le responsable du cinéma ou échangé avec le libraire. Le bas de costume est doux au contact de sa peau. La matière est si légère, il a l'impression d'être nu. Il se regarde dans le miroir. Les hommes ne se regardent dans le miroir que pour contempler leurs défauts. Le torse maigre, laissant apparaître les côtes, la peau trop blanche, les cheveux trop blonds. Mais en enfilant ce pantalon, Roméo comprend pourquoi il coûte si cher. Ce vêtement lui donne confiance en lui l'espace d'un instant.

La vendeuse pose délicatement la chemise sur un cintre. Roméo tend son bras à travers le rideau, attrape la chemise et l'enfile. Les boutons glissent un à un jusqu'à ce qu'il les ait tous attachés jusqu'au col, et il se regarde dans le miroir, un air hésitant sur le visage.

— Je peux vous demander de l'aide ? demande-t-il finalement, cherchant une opinion extérieure.

— Bien sûr, je suis là pour ça. Je peux ouvrir ? propose Justine.

Roméo sort de la cabine et se présente à elle, un mélange de nervosité et d'espoir dans les yeux. Il fait un tour sur lui-même, se soumettant à son jugement.

— Permettez ? dit-elle en s'approchant de lui.

Il acquiesce de la tête et elle déboutonne délicatement le bouton supérieur, libérant son cou. Elle lui demande ensuite de ranger sa chemise à l'intérieur du pantalon.

— La ceinture, c'est la maison qui vous l'offre, déclare-t-elle avec un sourire, glissant le morceau de cuir entre les passants du pantalon.

Roméo se regarde dans le miroir, un jeune homme prêt à affronter le monde avec une assurance qu'il ne se connaissait pas. Il sait que cette journée marque le début d'une nouvelle étape dans sa vie.

— Avec une tenue pareille, vous allez faire chavirer les cœurs des demoiselles, s'exclame la vendeuse fière de sa transformation digne de Marraine la Bonne Fée.

Un pincement vient surprendre son cœur. C'est comme une légère agression, comme le bruit que font les voisins du dessus à minuit en tirant une chaise sur le parquet, comme le miaulement du chat qui vient réclamer une caresse à 2 heures du matin, comme l'orteil qui se tape contre le pied de table. Oui, c'est une micro-agression qu'il ne se sent pas encore prêt à affronter. Il faut savoir choisir ses batailles et Roméo n'est pas de nature à s'échauffer pour si peu. Il pourrait lui dire, à la gentille vendeuse, que le cœur des demoiselles, il n'en a que faire.

Roméo ne le sait pas encore, mais s'il se lance dans ce combat, il devra endosser le costume de don Quichotte et il n'est pas très théâtre, il lui préfère la poésie. Il n'est pas prêt à se battre contre des moulins, à devoir faire son coming-out à chaque démarche administrative, à chaque « Madame n'est pas là ? », chaque fois qu'on lui demandera s'il est venu accompagné de sa femme, ou s'il a une compagne… Non, il n'est pas encore prêt.

Allégé de cent soixante euros, mais en possession d'un pantalon et d'une chemise qui vont changer sa vie, il retourne chez lui.

En poussant la porte de l'immeuble, Roméo tombe nez à nez avec le cordonnier qui tient la boutique du rez-de-chaussée. L'odeur de cuir et de colle émanant de sa boutique est presque apaisante. *Ce type doit avoir des mains en or pour redonner vie à des chaussures aussi usées*, pense Roméo. Pourtant, la fatigue sur le visage d'Élouan contraste avec l'énergie qu'il met dans ses mots.

— Vous vous installez bien ? demande-t-il.

Roméo hoche la tête, essayant de cacher sa nervosité. Il n'a pas trop le temps de discuter, il répond d'une moue fatiguée, en lui montrant les sacs de shopping dans ses mains.

Chapitre 6

Vendredi 4 avril
J – 2

Élouan voit bien que le jeune homme est occupé, mais il ne peut empêcher sa curiosité de prendre le dessus. C'est dans sa nature. S'il n'avait pas été cordonnier, il aurait été gardien d'immeuble.

— Le studio est à votre goût ?

Roméo répond d'un signe de la tête. Il semble pressé de rentrer dans l'immeuble.

— Tu sais, c'est moi qui ai fait le double des clefs pour ton appartement. Je la connais bien, Catherine de l'agence. Tu as de la chance, ce genre d'appartement ne reste jamais longtemps sur le marché.

Avec ce jeune homme, il ne sait pas trop quel ton employé. Il oscille entre le tutoiement et le vouvoiement.

— Oui, certainement, je dois avoir de la chance, répond Roméo.

— Ce n'est pas tous les jours qu'on se trouve un nid douillet proche de la cathédrale, quand même.

Il n'aime pas ça, Élouan. Il n'aime pas quand il prononce une phrase qui fait mouche. Pourquoi a-t-il parlé du monument religieux ? Bien sûr qu'il s'en moque, le jeune ! Le silence s'installe entre eux.

— Tu sais, renchérit le cordonnier en cirant une paire de chaussures, je suis sûr que tu as à peu près l'âge de mon fils.

— C'est possible.

— Il vient de faire ses dix-huit ans.

— Moi aussi, oui.

— Ah bah tu vois, un sacré point commun !

— J'imagine.

— Allez, je ne t'embête pas plus, tu dois avoir mieux à faire que de discuter avec un vieillard.

Le regard du jeune homme passe de la gêne à la pitié.

— Je vois que vous recherchez quelqu'un pour vous aider à la boutique, dit Roméo, culpabilisant certainement de ne pas avoir suffisamment alimenté la conversation.

— J'aimerais prendre ma retraite bientôt, alors il faudrait que je trouve un passionné que je pourrais former à la pratique. Ça t'intéresse ?

— Ah, non merci, moi je suis plus un littéraire qu'un manuel.

— Trente ans que je travaille ici ! Trente ans ! répète Élouan, comme si la répétition ajoutait des années.

— Mon père a travaillé pendant quarante ans dans sa librairie avant de la fermer. Il a cherché pendant quelques mois un repreneur, mais personne ne souhaitait s'investir dans un tel projet. Il y avait des travaux à faire, le stock à racheter, les dettes des distributeurs à payer… Il a préféré mettre la clef sous la porte.

— Une librairie ! Tu n'aurais pas aimé la reprendre, toi le littéraire ?

— J'étais trop jeune, j'avais à peine quinze ans quand il a pris sa retraite.

— J'ai l'impression que la vie n'est qu'une affaire de rendez-vous manqués, répond Élouan.

Sur ces mots, Roméo salue son voisin, pousse la porte cochère, grimpe les escaliers, le stress gagnant son ventre avant son premier service. Il lui reste un petit peu plus de cinq heures pour apprendre les rudiments du métier. Il prend son téléphone et tape les mots-clés sur YouTube. Divers témoignages de serveurs souhaitant partager leur goût du service s'offrent à lui. Il monte les escaliers tout en écoutant le récit de Ludovic, chef de rang dans un palace parisien, puis entend les pleurs d'un bébé au deuxième étage, et arrive bientôt à son studio.

Chapitre 7

Vendredi 4 avril
J – 2

— Mon bébé si joli / Maman veille, mon petit / Ne crains rien, sèche tes pleurs / Viens sur mon cœur / Mon tout-petit.

De toutes les berceuses qu'elle connaît, c'est celle du dessin animé *Dumbo* qu'elle se surprend à chanter. Laurène a tout essayé, la petite ne cesse de pleurer. « Chuuut, ça va passer. » Dans son appartement, elle fait les cent pas avec sa fille sur son bras. Elle s'installe sur le canapé, positionne un coussin derrière son dos et porte les lèvres de son enfant à son sein. La petite se calme, la succion vient apaiser ses larmes. Laurène regarde dans le vide, les cernes sous les yeux. Elle sent une chaleur amère se répandre de son mamelon jusqu'à sa poitrine, comme si un fil invisible la tirait à chaque fois que sa fille tétait. Elle ne peut s'empêcher de grimacer, une contorsion qu'elle cache au monde entier, même à Antoine. Les rougeurs et gerçures des premiers jours ont disparu, mais la douleur persiste. Elle a les seins lourds. La petite ne boit pas assez. Autour d'elle, il y a du bruit, la rue qui crie, les cloches de la cathédrale qui tintinnabulent, la télévision allumée, sa petite qui gazouille des sourires légers en buvant, et elle, placide, immobile, sans vie. Des larmes s'échappent de ses yeux. Elle est une fontaine au milieu de son salon. Une fontaine qui pleure depuis deux mois. Antoine a repris le travail deux semaines après la naissance de leur fille. Il en avait besoin, lui a-t-il dit. Et elle, qui s'occupait de ce dont elle avait besoin ? Un congé postnatal de vingt-deux semaines. Cinq mois seule avec Emma. Ou est-ce Jade ? Elle ne le saura jamais. Les lèvres de sa fille se détachent de son sein, elle place sa tête sur son épaule et reprend la marche dans le salon, oubliant de recouvrir sa poitrine. « Allez, on va faire un beau rototo. » Elle tapote légèrement son dos, elle a lu que cela pouvait aider. Elle marche jusqu'au bout du couloir, à la chambre des filles. Sur la porte, ils avaient peint des lettres de bois en doré : « LES TROIS SŒURS ». Elles ne sont que deux. Elle pose sa cadette dans son lit, retire les doudous, croise les volets et lui souffle un baiser sur le front.

Lorsqu'elle était à l'hôpital à essayer de comprendre, à refuser de voir sa fille, à pleurer toute l'eau de son corps, Antoine rangeait l'appartement. Il effaçait les traces d'un crime qu'ils n'avaient pas commis : démonter le deuxième berceau, mettre dans des sacs les tenues en double qu'ils avaient achetées parce qu'habiller les jumelles pareillement aurait été adorable, donner à une association la deuxième couverture de naissance, se débarrasser des livres sur les naissances gémellaires. Il n'avait pas repeint la porte de leur chambre, ne souhaitant pas que l'appartement sente la peinture fraîche pour leur nourrisson. L'inscription « LES TROIS SŒURS » la narguait à chaque fois qu'elle passait devant, et elle ne pouvait se résoudre à l'effacer désormais. Elles auraient dû être trois. Rose, Emma et Jade. Les prénoms des jumelles étaient sélectionnés depuis l'annonce de la grossesse. Antoine et elle hésitaient depuis le début entre les deux prénoms. Lorsque l'échographie avait révélé qu'un deuxième cœur battait, ils semblaient plus soulagés de ne pas avoir à trancher entre les deux qu'heureux d'apprendre cette grossesse multiple. Deux cœurs battaient en elle. Aujourd'hui, elle peine à entendre le sien. Elle se demande parfois si elle n'est pas morte en donnant naissance. Elle s'allonge sur son lit, allume le monitor, et ferme les yeux. À chaque fois qu'elle crée le noir avec ses paupières, elle revit son accouchement. La prématurité, l'anesthésie générale, le service néonatal, Antoine qui lui montre des photos de leur fille endormie dans la pouponnière, Rose qui réclame de voir la deuxième petite sœur, les sage-femmes qui valorisent l'enfant qui est là, qui se concentrent sur la vie, qui veulent faire participer les parents aux premiers soins. Et elle, dans son lit d'hôpital, qui se demande pourquoi elle n'a pas réussi à mener cette grossesse à terme, pourquoi sa troisième fille n'a pas survécu. Comment allier la vie et la mort au même moment ? Elle sentait que quelque chose n'allait pas, qu'il y avait eu du changement dans son ventre. Le médecin qui l'avait reçue pour une échographie de contrôle l'avait noyée sous un jargon médical de complications vasculaires, de problèmes placentaires, de

« MFIU », d'attente surveillée, de gestion expectative. Il lui avait expliqué que ce n'était pas courant à huit mois, que les grossesses gémellaires comportaient plus de risques, mais qu'un cœur battait toujours. Un seul. Ils avaient déclenché l'accouchement une semaine après. Mais, pendant sept jours, Laurène a haï son ventre, a détesté son corps. En elle, elle portait la vie, mais elle portait la mort aussi. Elle pleurait du matin au soir, elle pleurait de honte, de colère. Alors oui, Laurène regarde dans le vide. Laurène survit.

Il y a du bruit dans la cage d'escalier. De toute façon, ce n'est pas comme si le sommeil allait la gagner. Elle a le sentiment de ne pas avoir dormi depuis deux mois. Des siestes de-ci de-là, et à chaque réveil des douleurs de vivre. Les douleurs de vivre, ce sont comme des maux de ventre, des migraines, des entailles sur la peau, des courbatures, des poumons qui sifflent, des bourdonnements dans les oreilles. Oui, tout cela en même temps, comme si cela faisait mal d'être vivant. Et qu'*elle* ne le soit pas.

Laurène se lève de son lit et se dirige vers l'entrée de son appartement. Elle regarde à travers le judas de sa porte, mais, malgré l'applique éclairant la tapisserie datée des parties communes, elle ne distingue aucune silhouette. Elle ouvre la porte.

Chapitre 8

Vendredi 4 avril
J – 2

Si la daronne du deuxième n'avait pas mis son nez dans ses affaires, à l'heure qu'il est, son appartement serait propre. Il avait tout planifié : il utiliserait un t-shirt usé pour faire la poussière, emprunterait l'aspirateur du placard sur le palier pour le vieux parquet, récurerait les sols avec la serpillière et vaporiserait quelques sprays de parfum reçus en cadeau à son dernier anniversaire. Il avait tout prévu, sauf la souris dans le placard, et si Roméo rêve d'amour, de beaux-arts, de musées, de cinéma, de littérature, Roméo ne rêve pas de *Ratatouille*. Le rongeur lui est passé sous le nez, avec des couinements si aigus qu'il a failli en perdre l'ouïe. Effrayé par l'agilité de la souris, il a trébuché en arrière, s'est pris les pieds dans la serpillière humide, est tombé dans les escaliers, atterrissant sur le palier de sa voisine du deuxième avec autant d'aisance qu'un pilote de chez Ryanair dont c'est le premier jour. Elle a ouvert la porte et a hurlé : « Mais ce n'est pas bientôt fini, ce bazar ! » Sa voix était fatiguée. Et ses yeux… Il les connaît, ces yeux cernés de nuits d'insomnie. Il les connaît trop bien pour ne pas les reconnaître. Elle n'est pas simplement épuisée, elle a l'air de porter le poids du monde sur ses épaules. Il se surprend à souhaiter dire quelque chose de réconfortant, mais les mots restent bloqués dans sa gorge. À la place, il se contente d'un sourire maladroit, espérant qu'elle puisse y lire un semblant de soutien. Il souffle un « Je suis désolé » alors qu'une douleur dans son dos se réveille. *Super, manquait plus que ça !*

— Je voulais juste nettoyer mon appartement.

— Avec l'aspirateur de la copropriété ?

— Je ne pensais pas que ça gênerait qui que ce soit.

— Moi, ça me dérange. J'ai ma petite qui dort.

Il se relève lentement du paillasson de Laurène et lui tend la main.

— Je suis désolé, je suis le nouveau locataire du studio au-dessus. Roméo.

Elle lui attrape la main. Son poignet est mou. Elle n'a pas de force. Elle présente ses excuses. Elle n'aurait pas dû crier si fort. « Ce n'est pas grave », dit-il. Elle s'appelle Laurène. Elle est fatiguée. Elle le lui dit. « Je suis Laurène. Je suis fatiguée. »

— J'ai entendu un bébé pleurer tout à l'heure, c'est à cause de ça ?

— Entre autres.

— Si je peux vous aider, je le ferai avec plaisir.

— C'est gentil, dit-elle.

Elle referme la porte avec l'esquisse d'un sourire et Roméo remonte dans son appartement.

Il a regardé tellement de vidéos dans l'après-midi qu'il possède désormais assez de confiance pour servir dans les plus grands palaces. *Vous avez fait votre choix ? Excellent. Vous désirez de l'eau plate ou de l'eau gazeuse pour accompagner cela ?* Des choix fermés, des options pour ne pas laisser vagabonder l'esprit du client vers la carafe. Il a noté sur un bloc-notes toutes les astuces et phrases clés qu'il a apprises. En écrivant, son crayon au contact du papier, il retrouve des sensations qu'il avait oubliées : le sentiment que ses pensées prennent vie, que ses idées se métamorphosent, que sa créativité peut s'exprimer. Il prend une nouvelle feuille, attrape le recueil de poèmes de Prévert posé sur sa table de nuit. Entre les vers, au détour de rimes, d'allitération et d'assonances, Roméo se sent bien. Ces poèmes sont comme un album de musique qu'il aurait écouté en boucle pendant des années. Il tourne les pages, hume l'odeur du papier, à la recherche de l'inspiration.

Les feuilles mortes se ramassent à la pelle,
Tu vois, je n'ai pas oublié[1]...

Ces vers résonnent différemment aujourd'hui. Si Roméo se contentait de la musicalité des vers, d'entendre les mélodies dans sa lecture, son père aimait écouter de vieux vinyles. Tous les soirs, quelques minutes avant l'heure du dîner, il choisissait un disque dans sa collection et posait le diamant dessus. Dans les

1. « Les Feuilles mortes », texte de Jacques Prévert, musique de Joseph Kosma.

enceintes dispersées dans le salon, les notes éclataient de joie. Il possédait un disque dédicacé d'Yves Montand. Le vinyle tournait, les mots chantaient. Il reprenait le poème de Prévert et les feuilles mortes valsaient.

Mais la vie sépare ceux qui s'aiment
Tout doucement, sans faire de bruit

Roméo lit ces vers comme s'il les comprenait pour la première fois, et cette époque lui semble si lointaine. Il peut presque entendre la voix de Montand, douce et empreinte de nostalgie, récitant ces vers avec une tendresse infinie depuis le vieux tourne-disque. Une larme perle au coin de son œil alors qu'il se laisse emporter par les souvenirs. Mais les adieux n'ont pas été silencieux. *Tout doucement, sans faire de bruit.* Non, pas chez eux. Les portes ont claqué, les murs ont été cognés, en quelques minutes il avait fait sa valise et son père l'avait jetée par la fenêtre.

C'était il y a trois semaines. Trois semaines et un jour. Certains événements marquent une vie à jamais.

Il est bientôt l'heure de partir. Il se redresse et s'habille. Roméo juge son uniforme digne d'un enterrement. Son pantalon et sa chemise noire lui donnent un air sinistre. Croque-mort. Oui c'est ça, on dirait un croque-mort. D'ailleurs, ça vient d'où, cette expression ? Roméo a beau aimer les lettres, il n'a pas la connaissance étymologique de tous les noms composés. Il lance une recherche sur Google. « Étymologie croque-mort ». Il est 17 h 52. Il lui reste exactement huit minutes pour ne pas être en retard. Il attrape son blouson en cuir noir, afin de rester dans le thème, pulvérise un spray de parfum dans sa nuque (pas plus d'un, il a vu dans une vidéo qu'il ne fallait pas que l'odeur du serveur prenne le dessus sur celle de la cuisine) et claque la porte de son studio en courant. Il saute les marches deux par deux, a une pensée pour cette mère du deuxième, Laurène. La pauvre paraissait épuisée. Il tend l'oreille. Les pleurs semblent avoir laissé la place au silence. Il affiche un sourire, et repart de plus belle dans les escaliers. Au premier étage, il entend son voisin crier. Roméo n'aime pas les cris.

Chapitre 9

Vendredi 4 avril
J – 2

— Je te rappelle que j'ai posé ma semaine de congé, moi ! Tu es censée me le déposer dimanche soir à 19 heures, tu veux que je te renvoie une copie de la convention de divorce ou tu l'as encore en mémoire ? Je t'ai déjà dit, je ne veux pas qu'il soit élevé par ses grands-parents. Ce n'est pas parce que ce sont les vacances scolaires que tu dois le laisser à Concarneau, c'est ma semaine, c'est ma décision. Tu sais, la petite phrase que tu as contresignée, qui mentionne « la moitié des vacances scolaires et un week-end sur deux », eh bien c'est ça qu'elle veut dire. Que j'ai le droit de voir mon fils dès dimanche soir ! Je me doute bien que tu es débordée et que tu fais des horaires à rallonge, mais tu n'as pas le monopole du travail. Je compte sur toi pour dimanche, 19 heures.

Gaël raccroche. Douze ans de vie commune pour un divorce qui éclabousse. Une séparation, c'est salissant. On retrouve des taches, des erreurs, des larmes sur les draps, une trace de brosse à dents sur le bord du lavabo, des compotes qui périment dans le frigidaire, des calendriers raturés dans le couloir de l'entrée, des sous-vêtements du sexe opposé au fond d'un tiroir, des photos découpées dans une boîte à chaussures. Douze ans de vie commune pour une déception à la hauteur des sentiments. *Ce n'est pas ta faute, je ne t'aime plus, c'est tout.* Elle n'a pas eu le courage de le lui annoncer de vive voix, alors elle a laissé un mot sur la table basse du salon. « J'étais sûre que tu le trouverais en prenant ton café du matin », lui a-t-elle avoué plus tard. Elle le connaissait bien finalement, à défaut de ne plus l'aimer. Il y a deux ans, le mercredi 6 juin, alors que sa Swatch The Simpsons affichait 7 h 42, celle dont on ne doit plus prononcer le nom a claqué la porte de l'entrée pour amener Colin à l'école. « Je t'ai fait couler le café », a-t-elle dit avant de partir. Il s'est assis sur le canapé, son t-shirt « Ouh, pinaise ! » délavé par les machines, froissé par la nuit, il a porté sa tasse à ses lèvres et a vu le mot. Il s'est redressé d'un bond, renversant le liquide encore chaud sur le parquet, pour tenter de la rattraper dans la cage d'escalier.

Elle n'a répondu à aucun de ses appels pendant deux jours. Gaël s'est rendu à la sortie de l'école dès 16 heures, informant son responsable qu'il manquerait des heures au musée, exceptionnellement. Mais elle n'était pas là, leur fils non plus.

Ils se sont revus le samedi. Elle lui a dit qu'elle faisait cela pour eux, pour lui, parce qu'ils n'étaient plus heureux finalement. « C'est quand la dernière fois que l'on a ri ensemble ? », lui a-t-elle demandé, le mettant devant le fait accompli.

— J'ai voulu te laisser le temps de relire ce mot, que tu comprennes que ce n'est sincèrement pas ta faute, mais je crains qu'on n'ait plus rien en commun.

— C'est ce qui arrive parfois, a-t-il conclu, on se correspond, on s'aime, on s'aide, on se fait grandir, on évolue, et dans certains cas le Pikachu n'évolue pas en Raichu. On l'associe à une Pierre Lune et il reste dans sa forme première.

— Tu vois, a-t-elle répondu, c'est exactement de ça que je te parle. On n'a plus rien en commun, Gaël ! On a bientôt quarante ans, et tu me parles de Pokémon, regardes la même série animée indéfiniment, n'as aucune ambition dans ton travail. Je pensais qu'on faisait un enfant ensemble, et au bout du compte, j'ai le sentiment d'en avoir deux à la maison ! Tu te lèves une fois que tout est prêt, tu daignes aller chercher Colin juste un jour par semaine – je me demande parfois si tu sais encore où se trouve la grille de l'école –, et la dernière fois que tu as touché une casserole, tu as fait exploser le micro-ondes ! Alors, je ne veux pas passer pour la méchante, je sais que c'est difficile pour toi avec ta vue qui faiblit, mais ça ne peut pas tout excuser. Regarde Ray Charles !

À l'époque, il n'avait pas relevé la cruauté de cette dernière phrase, tous les sous-entendus qui en découlaient. « Regarde-le, lui ! Il était plus malvoyant que toi, et il avait réussi. Lui ne s'apitoyait pas sur son sort. » Voilà ce que ça voulait dire. Mais Gaël a simplement répondu :

— Donc, c'est moi.

— Comment ? a-t-elle cherché à clarifier.

— Tu dis que ce n'est pas ma faute, mais visiblement ça l'est un petit peu.

Puis ils se sont donné rendez-vous chez leurs avocats respectifs et, avant de payer pour les cafés, Gaël a demandé :

— Je peux voir Colin ?

Il s'est trouvé bête de demander la permission de voir son fils. Il n'avait pas besoin de son accord.

— Il est chez mes parents, je suis de garde ce week-end.

— Justement, je préférerais qu'il soit à l'appartement avec moi plutôt qu'à Concarneau.

— Je pense qu'il est mieux chez eux pour l'instant.

Il n'a pas eu la force de surenchérir, elle avait peut-être raison.

Deux ans plus tard, Gaël se demande encore comment deux personnes qui s'aiment aussi fort qu'ils se sont aimés peuvent en arriver à se déchirer devant des avocats. Un week-end sur deux et la moitié des vacances scolaires. Il ne peut s'empêcher de se demander s'il n'a pas baissé les bras trop facilement. Peut-être aurait-il dû se battre davantage, pour elle, pour leur famille. Mais la vérité est qu'il s'est laissé emporter par la vague de sa propre dépression, se cachant derrière son handicap pour éviter d'affronter ses propres échecs.

Il marche jusqu'au fond du couloir, le parquet grince sous ses pieds. L'appartement est si vide quand son fils n'est pas là. Tous les jours, il se rend dans sa chambre, et regrette la manière dont l'espace a évolué si rapidement. Hier encore, il y avait un berceau ici, un tapis d'éveil là, et des jouets jonchant le sol. Maintenant, Colin fait ses devoirs de géographie sur ce bureau, sous sa fenêtre, révise ses leçons face à son miroir entouré des posters de ses Pokémon préférés. Est-ce le père qui nourrit l'enfant, ou l'enfant qui nourrit le père ? Colin est en CE2 désormais, Gaël lui récite des dictées, lui fait travailler les multiplications, les divisions par deux, des phrases simples en anglais. Parfois, il lui impose de lire un peu, alors Colin s'installe sur le canapé du séjour et lit *La Petite Fille aux allumettes* d'Andersen. Son fils grandit à une vitesse phénoménale. Tout le monde lui avait dit avant la naissance : « Profite ! » Mais profiter de quoi ? Le temps passe si vite.

Gaël demande à son enceinte intelligente l'heure qu'il est et descend aussitôt dans la cage d'escalier. Il entend la grille de fer s'abaisser devant l'atelier du cordonnier.

— Tu ne m'as pas dit pour mes plantes ?

Chapitre 10

Vendredi 4 avril
J – 2

— Oh, je n'ai pas eu le temps de passer, je suis désolé, répond Élouan. J'irai lundi matin, tu seras au musée ?

— Non, lui répond Gaël, je suis censé avoir la garde de mon fils. J'ai posé ma semaine pour les vacances.

Le cordonnier verrouille le cadenas de sa grille. Son dos lui fait mal. Il porte sa main sur le bas de sa colonne vertébrale quand il se redresse.

— Tu as le temps de boire un verre ? propose Gaël.

Élouan regarde sa montre. Il en a refait le bracelet en cuir marron il y a quelques semaines. Il l'aime bien, cette montre, c'est son Agathe qui la lui a offerte pour ses cinquante ans.

— Il faudrait que je rentre, ça ne va pas fort avec Agathe en ce moment.

— À cause de tes horaires ?

— Pas seulement.

Le cordonnier laisse sa réponse flotter dans l'air. Il a besoin de parler, il a besoin de se confier, de pleurer sur l'épaule de quelqu'un.

— Je crois que tu en as autant besoin que moi. Allez, viens, c'est moi qui t'invite. Juste un verre.

Élouan reste silencieux un instant, le regard perdu dans les lumières vacillantes de la cathédrale. Il soupire légèrement, puis hoche la tête.

— Juste un verre, alors, murmure-t-il, comme pour se convaincre lui-même.

Les deux hommes marchent face au soleil couchant. La cathédrale est déjà éclairée et la lune encore basse. Élouan aime ce moment de la journée où les deux astres se côtoient dans le ciel. Il propose son bras à son ami.

— Elle est censée me le déposer dimanche soir, mais elle se plaint toujours qu'à l'hôpital il y a trop de travail, qu'elle fait des horaires pas possibles, et que c'est compliqué pour elle de me l'amener.

— Et tu ne peux pas aller le chercher ? demande Élouan, sa voix traînante, presque comme s'il hésitait à poser la question.

— Ha ! Autant dire que me confier un volant, c'est condamner la moitié de la Bretagne, répond Gaël avec un sourire en coin, mais son ton trahit une pointe d'amertume.

La rue Élie-Fréron est animée à cette heure, les rires des clients attablés en terrasse se mêlent aux effluves de crêpes beurrées et de cidre. Le crépuscule baigne les façades en pierre de la place au Beurre d'une lumière dorée, accentuant les reliefs des motifs celtiques gravés sur les murs. Plusieurs crêperies se font face. Élouan tire une chaise à son ami. Il salue la patronne qu'il semble connaître depuis longtemps.

— Nathalie, on ne te bloque pas la table longtemps, c'est juste pour boire un verre !

Chapitre II

Vendredi 4 avril
J – 2

— Tiens, voilà, pour débuter, va prendre la commande des deux hommes assis en terrasse, lui demande sa responsable.

Il acquiesce. Cela fait une demi-heure qu'il apprend le menu. Il a commencé par la page des galettes, puis celle des crêpes, et il venait tout juste d'entamer celle des boissons.

— Bonjour, messieurs, est-ce que vous avez choisi ?

Il est fier de lui, il ne bafouille pas.

— Oh, mais je reconnais ta voix. Tu es le petit jeune qui est venu au musée ce midi, non ?

Roméo remercie l'homme de lui avoir indiqué cette adresse. C'est grâce à lui s'il est là ce soir.

— Eh bien, j'espère que ça se passera bien pour toi.

— Mais tu es le nouveau de l'immeuble au 13, rue Kéréon, je t'ai croisé tout à l'heure !

— Oui, je viens tout juste d'emménager et, ce soir, c'est mon premier service ici.

— J'espère que tu vas te plaire dans le quartier, dit le cordonnier. Moi, c'est Élouan, et lui, c'est Gaël, il habite aussi l'immeuble.

— Roméo, se présente-t-il. Merci beaucoup de votre accueil. Je peux vous servir quelque chose ?

— On va prendre deux bières pression, s'il te plaît, répond Élouan, donnant un coup d'œil discret à sa montre.

Roméo retourne à l'intérieur, la commande rapidement gribouillée sur son bloc-notes. Il sent ses mains devenir moites autour du papier. Il se concentre sur sa respiration, et tente de calmer le tremblement léger de ses doigts, espérant que cela ne se remarque pas. Nathalie a déjà préparé les bières depuis le bar.

— Tu sais te servir d'un plateau ?

— Oui, enfin, je crois.

Il prend le plateau de sa main gauche, comme il l'a appris sur les vidéos, et place les bières au centre. Une question d'équilibre, de gravité, de pouvoir enlever une boisson sans renverser l'autre. Tout se bouscule dans sa tête d'un coup. Cela semblait plus simple en ligne. Il avance lentement, d'un pas peu serein, vers les clients. Le service n'a même pas commencé qu'il sent déjà des gouttes de sueur perler dans son dos.

Sa mission réussie, il retourne à l'intérieur. Il prend le temps d'observer les jolies tables en bois, des chaises avec un cannage comme chez ses grands-parents, le poste radio qui diffuse un album de Nolwenn Leroy et les photos en noir et blanc qui ornent les murs.

— Allez, on reprend là où on en était avant les bières. Ici, c'est le passe-plat. Quand ils terminent une commande à la cuisine, ils posent les assiettes sous ces lampes chauffantes et font tinter la cloche. Il ne faut pas que l'assiette reste trop longtemps en attente. Tu imagines recevoir une chèvre et noix avec de la roquette chaude ? Non. Bon, bah nos clients non plus.

La responsable de la crêperie ne le laisse pas en placer une.

— Tiens, je te présente André, il travaille ici depuis l'ouverture à la préparation des galettes. André, je te présente… Comment tu t'appelles déjà ?

Il a envie de lui répondre qu'elle ne le lui a jamais demandé, qu'il est terrorisé, qu'il sent que ce service va être une catastrophe.

— Roméo.

— Super, Roméo. Moi, c'est Nathalie. Donc, je disais, tu as André qui prépare les galettes, Rashvi qui s'occupe des crêpes sucrées et Jules en salle qui va te montrer comment ça tourne ici. Ah, bah tiens, le voilà. Jules, je te présente Roméo. Roméo, je te présente Jules.

Roméo se retourne. Il voit le jeune homme avancer vers lui, vêtu de noir aussi. Pourtant, lui a un air élégant et pas celui d'un croque-mort. Il s'approche de lui et lui tend la main. La poigne est ferme, comme s'il jaugeait son adversaire. Il retire son manteau.

— Tu as déjà taffé dans un resto ?

— Pas vraiment, répond Roméo.

— Nathalie a bien fait d'ouvrir sa propre crêperie, elle aurait fait une piètre carrière dans le recrutement.

— J'ai regardé des vidéos pour apprendre, tente de se justifier Roméo.

— Super ! ironise Jules. Écoute, je vais te montrer l'essentiel et te faire voir comment on travaille ici.

Jules passe derrière le comptoir avec aisance et se prépare un café. Il en propose un à son nouveau collègue qui refuse poliment.

— Tu as peur que ça t'empêche de dormir à 22 heures ? se moque-t-il.

— Non, je n'aime pas trop le goût, c'est tout.

— Le vendredi soir est un gros service. Nathalie gère le bar et les encaissements. Les commandes de boissons vont sur le bar, les commandes de galettes, tu les poses sur le comptoir chaud.

Il lui présente les commandes fréquentes, le cidre brut, le doux, la différence entre les deux si un Parisien vient à le demander, puis la composition des différentes galettes.

— Ce que je te propose, c'est que je prenne la terrasse et je te laisse l'intérieur. Ça te fera moins d'allers-retours. Ça te va ?

Roméo acquiesce.

— Ne t'en fais pas, on a tous commencé quelque part. Si tu survis à ce service, tu pourras tout affronter.

Les premiers clients s'installent en salle et, sous l'œil expert de son collègue, le jeune homme apporte les menus et propose un apéritif. Les premiers mots sont hésitants, il a du mal à noter en même temps que les clients lui passent commande, il leur demande souvent de répéter, les remercie de leur patience, puis s'éclipse au bar pour donner la commande. Le temps de prendre en note les plats de la première table, une quinzaine de nouveaux clients se sont installés à l'intérieur.

Il donne son bon à Nathalie et regarde en terrasse. Jules navigue avec aisance entre les tables, il rit avec ses tables, leur fait des blagues, manie le plateau comme un équilibriste. Leurs regards se croisent.

— Ça va ? murmurent les lèvres du jeune homme.

— Ça va, lui répond Roméo.

Il sourit.

Oui, il lui sourit.

Scène 12

La lumière éclaire la salle animée de la crêperie. Des clients discutent joyeusement, les chaises raclent le sol, et le son des verres qui s'entrechoquent résonne. Jules, vêtu de son uniforme noir, valse entre les tables. Il lance un clin d'œil à un client en passant, tout en s'amusant à jongler avec les commandes qu'il prend de mémoire.

Jules, *souriant à une table* : Voilà pour vous, une galette complète et une bolée de cidre doux. Et si vous avez besoin de quoi que ce soit, je suis votre homme ce soir !

Il se retourne et aperçoit Roméo, qui traverse la salle avec un plateau, visiblement concentré mais un peu tendu. Il s'approche de lui.

Jules, *taquin* : Alors, monsieur le nouveau, comment ça se passe ? Pas encore renversé de bière sur un client, j'espère ?

Roméo, *rougissant légèrement, essayant de rester sérieux* : Pas encore… mais je crois que j'ai frôlé la catastrophe à deux reprises.

Jules : Tu vas voir, c'est comme le théâtre : au début, tu as le trac, mais une fois que tu connais ton texte, ça roule tout seul ! (*Il lui donne une tape amicale sur l'épaule.*) T'inquiète, on a tous commencé comme ça. La scène, c'est le plus dur, mais après tu improvises.

Jules observe Roméo, qui essaie de garder son sérieux. Il se penche légèrement vers lui, une lueur malicieuse dans les yeux.

JULES, *chuchotant, faussement conspirateur* : Mais dis donc, t'sais qu'avec ce petit look de croque-mort, tu pourrais presque jouer dans une pièce de Molière ? Imagine, toi dans le rôle principal, en train de servir des galettes avec un air tragique...

ROMÉO : Peut-être, mais je préférerais un rôle où je ne fais pas tomber des bières toutes les deux minutes.

Jules se redresse, prend une grande inspiration et fait un tour sur lui-même avec son plateau vide. Il retourne vers une autre table, tout en jetant un dernier coup d'œil à Roméo avec un sourire.

Chapitre 13

Vendredi 4 avril
J – 2

— Il ne s'en sort pas trop mal, le petit jeune à l'intérieur, tu as vu ?

— Tu es sûr que ce n'est pas à cause de ton humour douteux, notamment avec les malvoyants, que ça ne va pas fort avec Agathe ? rétorque Gaël.

— Humour douteux ? s'insurge Élouan. Je te rappelle que tu as une reprise du générique de *Pokémon* chantée par Johnny Hallyday grâce à l'intelligence artificielle ou je ne sais pas quoi en sonnerie de téléphone.

— Je parlais de tes blagues sur la vue, ne sois pas susceptible ! Alors, qu'est-ce qui se passe ?

Gaël avale une gorgée de sa bière. Il sent la mousse se poser sur ses lèvres.

— À vrai dire, c'est à cause de Jean.

— Ton fils ?

— Il est parti de la maison, on s'est engueulés.

— Il a quel âge, tu me rappelles ?

— On venait de fêter ses dix-huit ans.

— Qu'est-ce qui s'est passé ?

Élouan n'aime pas parler de cela. Il n'en parle pas avec sa femme non plus, il préfère garder ses sentiments pour lui. C'est un robuste. Il n'aime pas qu'on lui change ses habitudes, voyage très peu, parle peu de ses sentiments. C'est un arbre bien enraciné. Un tilleul, pour les jolies fleurs blanches du printemps.

— Je t'ai raconté pour Colin, lui rappelle Gaël, l'incitant à se confier.

— Ce n'est pas pareil, Colin est ton fils, tu as le droit de le voir.

— Mais Jean aussi est ton fils. C'est toi qui l'as élevé, c'est toi qui lui as donné une famille, insiste Gaël, son ton se faisant plus ferme.

— Il ne pense pas ainsi visiblement.

— Tu sais où il est parti ?

— C'est bien ça le problème. Au Brésil !

— Je peux vous encaisser, messieurs ? demande Jules.

Gaël sort son portefeuille et pose un billet sur la table.

— Au Brésil ? Je ne te suis pas.

— C'est au Brésil que nous avons rencontré Jean. Il était dans un orphelinat dans le quartier de Rocinha. Il avait deux ans lorsqu'on l'a vu pour la première fois. C'est long, ces procédures-là, tu sais ? On avait reçu quelques photos dans son dossier. C'était un enfant en bonne santé, c'était tout ce qui nous importait. Il avait des yeux bleus, d'un bleu lagon, clair, azur presque. Je pense que le personnel de l'orphelinat avait préparé Joao à notre arrivée, parce que, dès qu'il nous a vus, il a couru dans nos bras. C'est comme ça que l'orphelinat l'avait nommé, Joao. Nous avons simplement francisé le prénom, d'autant plus qu'Agathe a toujours eu du mal à prononcer les *o* brésiliens, nous voulions garder son héritage brésilien, et lui transmettre nos traditions. Jean, c'était le prénom du père d'Agathe aussi, alors c'était une évidence pour nous. L'orphelinat avait un maigre dossier sur notre fils : une date de naissance approximative, une mère qui l'a laissé sur le palier du bâtiment alors qu'il avait trois semaines sans laisser de traces – enfin, je dis « mère », mais tu sais ce que j'en pense –, un père non mentionné, et puis voilà.

— Tu ne m'avais jamais dit tout ça.

— On a essayé de lui offrir le meilleur en France, avec tout notre amour, alors on trouve que ses deux premières années ne sont pas significatives, qu'on ferait mieux de se concentrer sur le positif, sur tout ce qu'il vit ici. Avoir un gosse, c'est s'inquiéter, enchaîner les nuits blanches, rouspéter pour les devoirs, rabâcher les bonnes manières, donner de l'amour, tous les jours, même quand tu es fatigué et que tu as le cœur aussi gris que le ciel ; c'est avoir peur pour lui, pour ses fréquentations, le protéger, pour un jour se recevoir : « Tu n'es pas mon père de toute façon », alors qu'il tient une valise dans sa main.

— C'est quoi le contexte de votre dispute ?

— Ce n'était pas une dispute, c'est simplement devenu notre quotidien. Il y a près de trois ans, à son entrée au lycée, je crois, il a commencé à développer une passion maladive pour le Brésil. Il a entrepris l'apprentissage du portugais avec des applications, a regardé toute la filmographie de Karim Aïnouz et d'autres dont je n'arrive même pas à prononcer le nom, il se passionne pour *son* pays, comme il dit.

— Et ça te dérange ?

— Ce n'est pas le mot, ça m'*inquiète*. J'ai lu beaucoup d'histoires d'adolescents adoptés qui tournent le dos à leur famille une fois qu'ils sont en âge de retrouver leurs racines.

— Je suis persuadé qu'un être a besoin de racines solides avant d'avoir des branches et des fleurs. Tu ne crois pas qu'il cherche simplement ses fondations ?

— S'il les trouve... C'est cela qui m'effraie. Nous n'avions même pas un nom, pas une photo, rien. L'orphelinat ne pourra rien lui dire de plus que ce que nous lui avons déjà raconté.

— Tu ne mets pas un peu la charrue avant les bœufs ? Il a acheté un livre sur le Brésil et a pris un avion, il n'est pas encore en train de frapper à la porte de l'orphelinat.

— Tu as peut-être raison, admet Élouan en regardant sa montre. Faut que je file, Agathe va m'en vouloir si je rentre après la tombée de la nuit.

Les deux hommes échangent une accolade et s'éloignent de la place au Beurre, du bruit, de la foule, des odeurs de crêpes, de la vie, tout simplement.

Chapitre 14

Vendredi 4 avril
J – 2

Roméo observe son collègue. Dès que les deux hommes à la bière quittent la table, en moins d'une minute, cette dernière est déjà redressée et prête à accueillir des clients qui patientent. Il se trouve si lent, il prend son temps pour noter chaque commande à la lettre ; une cliente a demandé une crêpe végétarienne sans oignon, il a noté à la main : « une crêpe végétarienne sans oignon ». La prise de notes, ce n'est pas son truc. Roméo aime la poésie des mots, il n'a pas envie de prendre des raccourcis. « 1 VG ss O », lui a conseillé d'écrire Jules, mais Jacques Prévert ne serait pas devenu Jacques Prévert avec « 1 VG ss O ». Même en écrivant « une crêpe végétarienne sans oignon » en toutes lettres, Roméo le sait aussi. Malgré sa lenteur, les clients lui sourient gentiment. Il s'imagine qu'il leur fait de la peine, avec sa goutte de sueur perlant sur le front, tant qu'elle ne tombe pas dans leur galette, ses assiettes en équilibre sur ses avant-bras et sa manière maladroite de confirmer la commande.

*

Deux erreurs de commande, un plateau de bolées de cidre renversé sur le sol – et pas sur un client – et deux litres de transpiration plus tard, le service se termine. Nathalie compte les espèces derrière le bar. Roméo se fait la réflexion qu'elle ressemble à la marraine de la mafia à compter ses billets discrètement. Lui aussi, dans sa poche, récolte un petit butin ce soir. Les clients ont été attendris par sa maladresse visiblement, laissant systématiquement quelques pièces sur la nappe vichy rouge. Un groupe d'Allemands lui a même laissé un billet de dix euros après lui avoir fait traduire dans un anglais médiocre tout le menu.

Il repense à ces semaines passées dans la rue. Trois semaines. C'est long, trois semaines sans savoir si l'on dormira le ventre plein. Vingt et un jours à traîner ses fesses sur un carton froid, avec un sac à dos de vêtements pour oreiller et une tente de camping déchirée pour parapluie. Trois semaines à se penser seul au monde, c'était peut-être ça le pire. Mis à la rue par ses propres parents, il pensait que cela n'arrivait que dans les films américains clichés. Éléa, sa meilleure amie, lui avait promis que l'homophobie n'était plus si courante de nos jours, que les mentalités avaient évolué. « Papa, maman, est-ce que je peux vous parler dans le salon ? » C'est ainsi qu'il avait commencé son discours. « Bien sûr, fils, mais tu n'as pas intérêt à nous annoncer que tu es pédé », lui avait répondu son père, hilare, fier de sa blague. Roméo était pris de court. L'herbe fauchée sous les pieds. Mais pas seulement l'herbe ; la terre creusée, la tombe prête. Oui, Roméo savait qu'il ne pouvait plus faire marche arrière, qu'il en avait déjà trop dit. Il voyait dans les yeux de sa mère des larmes, mais il n'en comprenait pas la raison. « En fait, avait-il commencé, la boule au ventre, l'estomac broyé, les yeux humides, la voix tremblante, cela fait un moment que je veux vous en parler... » Il triturait ses doigts, s'arrachait les cuticules, se pinçait la peau, comme si tout son corps lui criait de se taire. « Eh bien, tu nous le dis ou quoi ? J'ai un match qui commence dans dix minutes. Je ne voudrais pas manquer la demi-finale », l'avait coupé son père. Ses parents étaient assis de part et d'autre du canapé recouvert d'un linge en coton pour que le chat puisse s'y installer à la nuit tombée. Il ne faudrait pas qu'il soit mal à l'aise en dormant dans son panier. « Voilà, ça fait un moment que je me pose des questions sur qui je suis, et je crois que ça ne va pas trop te plaire, papa. J'aime les garçons. » Ces quelques mots avaient fait l'effet d'une bombe. Littéralement. Une bombe qui avait tout rasé sur son passage. En l'espace de quelques secondes, son père avait envoyé valser la télécommande de la télévision dans l'écran, le fissurant en travers, les assiettes de porcelaine achetées au magasin d'usine de Raynaud à Limoges éclatées au sol, les livres de cuisine de la bibliothèque volant au milieu des insultes vociférées. « Pas de ça chez moi ! », avait-il hurlé en cherchant du soutien auprès de sa femme. Elle ne savait pas où se mettre. Elle essayait de contenir la violence de son mari avec des mots. Roméo avait toujours pensé que ses parents étaient un oxymore.

Silence bruyant.

Amour haineux.

Oui, ce dernier leur correspondait. Il s'était retrouvé à préparer une valise en vitesse sous les insultes de son père et la passivité lente de sa mère. « Arrête, Gérard ! Doucement, les voisins vont nous entendre ! » Alors c'était ça, le drame de sa vie, que Wisteria Lane découvre le squelette dans son placard, que Bree Van de Kamp soit exposée comme la mère qui renie son fils parce qu'il aime les garçons. Mais ce n'était pas un squelette dans le placard, c'était son fils. Et en réalité, il en sortait justement.

En claquant la porte de la maison familiale, sa valise à la main, il aurait juré avoir aperçu le Maine coon familial sourire à la fenêtre.

Puis, dans l'ombre de son père, sa mère lui avait donné un peu d'argent et s'était portée garante pour un studio. « Peut-être que tu pourras profiter de la proximité avec la cathédrale pour y aller quelquefois. Je suis sûre que tu pourrais retrouver la voie de la raison. » On dit que l'argent n'a pas de couleur, celui de sa mère ne venait certainement pas avec l'arc-en-ciel. Tout ce qu'elle véhiculait n'était que noir et blanc. Toujours dans l'ombre de son mari, jamais un mot plus haut que l'autre, pas de musique trop forte, pas de café trop corsé, pas de tapisseries trop colorées, pas d'ampoules trop lumineuses, pas de draps trop froissés, pas de fêtes trop tardives, pas de démonstrations d'affection en public. Une vie en demi-teinte.

Alors, quand il compte ses pourboires après le service, il est heureux de gagner peu à peu son indépendance.

— Ça a été, ton service ? lui demande Jules tandis qu'il s'assied à côté de lui pour manger une galette chèvre-noix méritée.

— On peut demander un repas ? s'enquiert le jeune dont l'estomac gargouille depuis le deuxième service.

— Bien sûr, demande à André ce que tu veux de la carte avant qu'il n'éteigne les plaques.

Roméo n'a pas besoin de regarder la carte, cela fait quatre heures qu'il la parcourt en long, en large et en travers pour ses clients. Quelques minutes plus tard, il s'assied à côté de son collègue avec sa galette au magret séché.

— Je n'ai pas vu le temps passer, dit Roméo en observant la pendule qui affiche plus de 1 heure du matin.

— C'est l'avantage de la restauration, tu as tellement à faire que tu n'as pas le temps de réfléchir, tu dois mettre la tête dans le guidon et avancer, coûte que coûte. Tu verras demain, je crois que Nathalie t'a prévu en coupure sur le planning. Tu seras épuisé !

— En coupure ?

— Tu travailles le service du midi et le service du soir. Je te promets, après un samedi de coupure, tu n'auras envie que d'une chose, c'est ton lit. Tu habites loin d'ici ?

— Je viens juste d'emménager dans la rue Kéréon.

— Ah oui, ce n'est vraiment pas loin, j'aime beaucoup cette rue, ses pavés, ses façades, ses colombages.

Quand Jules parle, Roméo suspend son souffle. Il a une voix suave, un peu comme s'il chantait « Despacito » en parlant de la météo. Le timbre de sa voix est grave, son débit relativement lent, les syllabes correctement articulées.

— Allez, je vais te montrer comment on ferme le restaurant, dit-il, marquant la fin de leur pause repas.

Nathalie s'est éclipsée, laissant les garçons ranger la terrasse, empiler les chaises, nettoyer les verres, préparer le bar pour le service du lendemain, et activer l'alarme.

— La fermeture, c'est le moment que je préfère, dit Jules. Je n'aime pas trop faire le service du midi. Les gens sont pressés, ils ont besoin de retourner travailler vite après leur pause déjeuner, puis ils ne laissent jamais de pourboire, ne payant qu'avec des Ticket-Restaurant ou leur téléphone sans contact. Le soir, ce sont des amoureux qui se retrouvent, de jeunes parents qui savourent le luxe d'une soirée de baby-sitting, des amis qui se chambrent et rient ensemble. Puis viennent la fermeture, et la sensation que le restaurant m'appartient, que je suis le maître des lieux, que les étoiles me regardent, éternelles jalouses de la liberté que j'ai de valser entre les nappes vichy.

Les deux jeunes hommes descendent la rue Fréron qui débouche sur la place de la cathédrale.

— « Éternelles jalouses », répète Roméo. Tu écris de la poésie ?

— Le poème le plus abouti que j'ai composé devait être pour la fête des Mères quand j'avais dix ans et il correspondait peu ou prou à : « Maman, tu es belle comme une hirondelle et gentille comme une bille. »

Roméo s'esclaffe. Son rire résonne à la lumière des lampadaires.

— J'ai écrit mieux que ça.

— Tu écris, toi ? s'étonne Jules.

— Oui, ça te surprend ?

— Absolument pas, je pense que quatre-vingts pour cent des serveurs de France sont des artistes qui se voilent la face et portent des plateaux de bolées dans l'attente que leur rêve se réalise.

— Et toi, ce serait quoi, ton rêve ?

— Le théâtre ! J'adore ça. La photo aussi ! J'aime bien la musique également. J'aime faire plein de choses : j'aime me perdre dans mon atelier de peinture, flâner dans les rues avec mon appareil numérique au cou, passer des soirées à retoucher les photos avec de la musique dans les oreilles. Puis, le lundi soir, quand la crêperie est fermée, je vais à mes cours de théâtre au conservatoire. Ça me fait un bien fou !

— J'aimerais bien te voir jouer. J'habite juste là, dit Roméo en pointant du doigt la rue Kéréon, et toi ?

— Oh là ! pas si vite, jeune garçon, je ne donne pas mon adresse le premier soir.

Roméo n'en revient pas. Il parle librement, si librement.

— Je ne te demandais pas ça pour venir chez toi, c'était juste pour la conversation. Je te demande pardon, dit Roméo le rouge aux joues.

— Je plaisantais ! D'autant plus que je vais devoir déménager bientôt, mon propriétaire veut récupérer son studio pour lui.

— Ah, mince !

— Tu es nouveau, non ?

— Nouveau ?

— Tu viens de sortir du placard ?

— Comment tu sais ?

— Tu baisses les yeux dès que nos regards se croisent, tu oses à peine me parler, tes silences disent beaucoup. Je ne sais pas, c'est quelque chose qui ne s'explique pas, que l'on ressent. Peut-être que je me trompe, et dans ce cas je te prie de m'excuser, mais j'étais persuadé que...

— Non, tu ne te trompes pas, le coupe Roméo.

C'est la première fois qu'il le dit à un inconnu. La première fois qu'il annonce celui qu'il est sans attendre une validation extérieure.

— Je me disais bien, je me trompe rarement lorsqu'un garçon me plaît. Allez, j'habite de l'autre côté, bonne soirée.

Et Jules disparaît dans la nuit, sur la place de la cathédrale.

Est-ce qu'il a bien entendu ? Il a rêvé, ce n'est pas possible. Personne n'a un tel franc-parler. Il lui plaît. Le cœur de Roméo s'arrête une seconde, comme suspendu dans le temps. Devant son immeuble, il y a ce glacier. Il fait bon, la nuit est douce. En commandant une glace à la fraise et au citron, il ne se rend pas compte que son visage affiche un sourire radieux. Sa langue lape l'acidité, il regarde les étoiles, il observe autour de lui. Le printemps est là. Est-ce le froid des sorbets ou l'échange avec Jules qui lui fait comme des papillons dans son ventre ?

Il ouvre la porte, regarde le nom qu'il a sur sa boîte aux lettres désormais. C'est ici. Ici qu'il recevra sa première fiche de paie, ses premières factures, ses quittances de loyer, ses impôts, sa nouvelle carte bancaire, ses premières lettres d'amour peut-être. Oui, c'est dans cette boîte aux lettres que sa nouvelle vie commence.

Il monte les escaliers. Au deuxième étage, il marque un temps d'arrêt devant la porte. Il y a de la lumière, la petite ne doit pas dormir.

Chapitre 15

Samedi 5 avril
J – 1

La petite a dormi plus de cinq heures d'affilée. De 21 heures à 2 h 15. Les biberons commencent à s'espacer. C'est une micro-victoire ! Pour autant, les pleurs nocturnes sont toujours aussi difficiles. Laurène se réveille machinalement, la prend sur son bras et quitte la chambre parentale pour ne pas déranger son mari. Les pleurs vont crescendo. Elle mélange l'eau à la poudre de lait et porte le biberon aux lèvres de sa fille. La petite l'attrape avidement. Les millilitres s'évadent goulûment, un peu dans la gorge, un peu dans le cou. Laurène essuie le liquide avec un lange brodé offert par ses parents. Elle change la couche sale avec des gestes mécaniques, applique de la crème sur son corps potelé et la reprend dans ses bras. Les cris reprennent de plus belle, c'est aigu à fendre les cœurs, puissant à transpercer l'âme, déchirant à réveiller les angoisses et les larmes. Laurène pensait que le temps guérirait tout, que chaque jour apporterait un peu plus de paix, mais elle se trompait. Chaque jour qui passe ne fait qu'ajouter une nouvelle épaisseur de douleur, un nouveau souvenir manqué. Antoine, les plis du drap sur la joue et les cheveux en bataille, sort de leur chambre.

— Je prends la relève, va te coucher si tu veux.

— Non, ça va, je ne suis pas fatiguée.

— Alors, va juste te reposer. Prends un bouquin, regarde une série. Je ne travaille pas demain, je peux surveiller Jade cette nuit.

— Comment tu le sais, toi ? demande Laurène en lui tendant leur fille.

Sa question est anodine. Elle a vraiment besoin de comprendre, de savoir, pourquoi elle, elle n'y arrive pas, pourquoi elle reste avec cette question sans réponse.

— Comment je sais quoi ?

— Que c'est Jade.

Antoine n'est pas surpris par son interrogation. Ses yeux ronds se tournent vers sa fille qu'il porte dans ses bras. Ses pleurs redoublent d'intensité.

— Tu es encore là-dessus ?

Il n'ose même pas regarder sa femme. Deux mois que leur fille est née, deux mois qu'elle n'arrive pas à avancer. Il est las de ne savoir l'aider. La pièce autour d'eux semble se rétrécir, les murs se rapprochant sous la pression des pleurs.

— Comment ça « encore là-dessus » ? Bien sûr que je suis encore là-dessus. Tu n'y penses pas jour et nuit, toi ?

— Non, j'essaie de me concentrer sur le présent, sur Jade. Elle a besoin de nous, elle a besoin de nous à cent pour cent. On ne peut pas se permettre d'avoir l'esprit ailleurs.

Laurène a envie de hurler, de crier si fort que les vitres éclateraient, de briser le mur du son. Bien sûr qu'elle aimerait que son esprit ne vagabonde pas, qu'il n'erre pas éperdument dans ses pensées les plus sombres. Parfois, elle a la sensation d'être dans le vide spatial, de flotter sans avancer, de ne plus sentir son propre corps, de voir des milliers d'étoiles, comme des espoirs de lendemains, mais de ne pouvoir les atteindre. Jade continue de verser ses larmes dans les bras de son père. Ses yeux se ferment à moitié, ses joues se teintent de rouge vif, et ses poings minuscules se serrent avec une force étonnante. Le cri monte, atteignant des sommets presque insoutenables, avant de redescendre en un gémissement rauque, comme si elle cherchait à reprendre son souffle.

— Je suis avec elle à cent pour cent, du matin au soir !

— Je ne te parle pas d'être là physiquement ! Bien sûr que tu t'en occupes, et je te remercie mille fois de pouvoir être présente alors que je travaille comme un chien pour un salaire de misère, ce n'est pas la question. Je te parle d'être là moralement, mentalement, sentimentalement ! Je te parle de papoter avec elle, de la consoler quand elle pleure, de la regarder dans les yeux. Tu l'as regardée quand pour la dernière fois dans les yeux ?

— Arrête, tu dis n'importe quoi...

— Je répète ma question, dit-il d'un ton grave, tu l'as regardée quand pour la dernière fois ? Est-ce que tu es capable de me dire quelle est la couleur de ses yeux en ce moment ?

Laurène est prise au dépourvu. Ses joues s'empourprent, ses sourcils se froncent, ses doigts se crispent. Tout son corps se prépare à se défendre, mais ses lèvres peinent à cracher un argument contraire. Elle observe Jade, les larmes roulant sur ses joues roses, ses lèvres tremblantes tentant de former des mots invisibles, incompréhensibles.

— Pfff... tous les bébés ont les yeux gris de toute façon.

Les épaules d'Antoine se relâchent, aucune expression ne transparaît sur son visage. Ses traits sont figés, il est muet. Il se retourne et s'installe dans le fauteuil, sa fille contre sa poitrine.

— Tu devrais vraiment aller te coucher, dit-il à Laurène.

Ses pantoufles frottant le parquet, elle marche vers leur chambre comme une enfant punie, mais soulagée.

*

Ce sont les cloches de la cathédrale Saint-Corentin qui sortent Laurène de ses rêves. Elle déteste ce bruit qui pourrait réveiller sa fille, qui pourrait la ramener à la réalité. Pendant quelques années, alors que les cloches avaient été déposées pour permettre la rénovation du beffroi, un enregistrement sonore remplaçait les tintinnabulements. Elle avait appris à l'apprécier pour sa constance, sa régularité, son volume réglé au décibel près. Mais, depuis décembre dernier qu'elles ont été réinstallées, elles sonnent parfois avec quelques secondes d'avance, jamais de la même manière, ni au même volume, ni pour la même durée. Les cloches sont devenues imprévisibles. Il est midi. Elle a dormi près de dix heures sans être interrompue par Jade. Antoine n'est pas avec elle et le berceau est vide. Elle se glisse hors des draps de coton achetés au Ikea de Brest un jour de pluie d'automne. Ils étaient heureux ce jour-là. Ils avaient mangé des boulettes servies avec une purée de pommes de terre, des petits pois, une sauce à la crème et de la confiture d'airelles. Elle était enceinte, elles étaient deux dans son ventre. Elle le répétait sans cesse, à tous ceux qui ne le lui demandaient pas. Un regard de la caissière sur son ventre suffisait à déclencher « Ce sont des jumelles », un « bonjour » du primeur et l'histoire de la surprise lors de l'échographie était racontée sans oublier le moindre détail. Rose avait fini par comprendre que le ventre de maman n'était pas simplement « rond comme le ballon de la crèche », elle avait compris qu'elle allait bientôt partager sa chambre avec ses petites sœurs. Oui, à la période de Noël, leur appartement quimpérois ne sentait pas seulement la cannelle, les épines de sapin et les oranges piquées de clous de girofle, il sentait le bonheur.

Laurène s'étire, ressentant encore la lourdeur dans ses bras et son dos, une fatigue latente malgré la longue nuit de sommeil. Elle marche jusqu'à la cuisine et met en route la machine à café. Le bruit familier du percolateur résonne dans la pièce, apportant une touche de normalité à ce matin autrement étrange. Enfin quelque chose qui fonctionne comme cela devrait ! Les cloches devraient sonner de manière régulière, le café devrait avoir une couleur foncée, avec des reflets cuivrés, les accouchements devraient bien se passer, les mères devraient être heureuses.

Elle prend une tasse chaude entre ses mains et se dirige vers la fenêtre. Dehors, Quimper est attablé. Elle observe la vie qui continue, imperturbable, alors qu'à l'intérieur, elle se sent prisonnière de ses pensées et de sa douleur.

— Bonjour, ma chérie.

La voix d'Antoine la tire de sa rêverie. Il se tient dans l'encadrement de la porte, Jade encore endormie dans ses bras. Ses yeux sont fatigués, mais il lui sourit avec tendresse. Sur le canapé, un oreiller froissé et un drap sali de taches de régurgitations trahissent sa nuit.

— Tu as pu dormir ?

Elle hoche la tête, incapable de trouver les mots. Il s'approche, lui dépose un baiser sur le front, puis se dirige vers la cuisine pour préparer le biberon de Jade. Laurène les suit du regard, se demandant comment il peut être si fort, comment il peut continuer à avancer malgré tout. Elle sent les larmes monter à nouveau, mais les refoule, décidée à ne pas pleurer aujourd'hui.

— On pourrait sortir, propose Antoine. Faire une promenade en famille. Il fait beau dehors, on pourrait en profiter pour aller chercher Rose chez tes parents un petit peu plus tôt que d'habitude.

Laurène hésite. L'idée de sortir lui paraît à la fois attrayante et terrifiante. Mais elle sait qu'Antoine a raison, qu'elle ne peut pas rester enfermée éternellement.

— D'accord, dit-elle enfin.

Antoine sourit et, pour la première fois depuis longtemps, Laurène ressent une lueur d'espoir. Peut-être que, petit à petit, ils réussiront à surmonter cette épreuve, à retrouver un semblant de normalité. Elle prend une profonde inspiration, attrape son manteau, et se prépare à affronter le monde extérieur, pas à pas.

CHAPITRE 16

SAMEDI 5 AVRIL
J – 1

Dans son atelier, il entend l'ouragan du deuxième se préparer. C'est plus calme que d'habitude, le samedi matin, Rose dort chez ses grands-parents. Il n'y a que la petite dernière. Antoine la porte contre lui, dans l'écharpe de portage qu'ils ont reçue en cadeau à la naissance.

— Ça va, tous les trois ? demande le cordonnier lorsque la famille quitte l'immeuble.

Ils répondent d'un sourire aimable et fatigué.

— Ça va, on va chercher Rose chez mes parents, dit Laurène.

Élouan ne peut s'empêcher de ressentir un pincement au cœur quand il les voit, comme avec Gaël lorsqu'il a commencé à perdre la vue. Il n'osait rien dire, peinait à le regarder dans les yeux. Il a appris à en rire, ils ont appris cela ensemble d'ailleurs, mais avec la famille Briand, c'est différent. Ils ont perdu un être cher, et de ça, ils n'en riront jamais.

Élouan récupère un morceau de cuir noir et le juxtapose au tissu du sac qu'il doit réparer. Lorsque ses mains sont occupées, son esprit l'est aussi. Pour son Agathe, c'est le crochet qui fonctionne. Lorsqu'elle pense à son fils parti au Brésil, et qu'elle imagine les pires scénarios pour son enfant chéri, c'est en crochetant de la laine épaisse qu'elle calme son esprit. Depuis hier, depuis qu'il est parti avec sa valise et son idée de quête identitaire, elle rajoute des mailles et des mailles à un plaid déjà plus grand que tous les canapés de Poltronesofà. L'ambiance au dîner du soir était glaciale. Les bruits de couverts contre les assiettes résonnaient entre les faïences de la cuisine. En temps normal, la famille dîne à la table de la salle à manger. Agathe aime bien cuisiner pour ses proches. Hier matin, avant que son mari ne quitte le domicile pour le travail, elle a préparé du pain perdu pour le petit déjeuner. Son fils adore cela, habituellement. Il tenait une valise fermement dans sa main.

— J'ai utilisé l'argent de mon stage pour m'acheter des billets d'avion.

— Pardon ? s'est étonné Élouan en avalant son café noir.

— Je pars une semaine.

— Et on peut savoir où tu vas comme ça ? a demandé Agathe.

— À Rocinha.

— Rocinha ? Comme dans Rocinha au Brésil ?

— Oui, j'ai besoin de comprendre. Je vous l'ai dit plusieurs fois, mais vous ne m'apportez aucune information sur mes parents.

— C'est parce que nous n'en avons pas ! Nous t'avons dit tout ce que nous savons. Ta mère et moi t'avons adopté quand tu avais deux mois et…

— Oui, je la connais, l'histoire, a coupé Jean. Ils n'avaient aucun papier, etc. Pourtant, sur des forums en ligne, ils racontent qu'en se rendant en personne à l'orphelinat, la plupart obtiennent les réponses qu'ils sont venus chercher. Alors, j'y vais, avec votre soutien ou non !

— Jean, je te demande de poser cette valise tout de suite. On ne part pas au Brésil sur un coup de tête ! a protesté Élouan.

— Sinon quoi ?

— Sinon, je t'interdis d'y aller, tout simplement.

— Tu n'es pas mon père, tu ne peux rien m'interdire.

Et voilà, les mots avaient glissé d'entre ses lèvres sous la colère, ils étaient sortis sans être contrôlés. Aussitôt échappés, ils étaient regrettés.

Maintenant, dans l'atelier, Élouan soupire en serrant le cuir avec méticulosité. *Et s'il ne trouvait jamais ce qu'il cherche ? S'il revenait brisé, déçu, avec encore plus de questions ?* Ces pensées tourmentent Élouan, le rendant presque incapable de se concentrer sur son travail. Mais il se force à continuer, un point de couture après l'autre, comme s'il pouvait ainsi suturer les fissures qui se sont ouvertes entre lui et Jean. Les images de Jean dans les rues de Rocinha, perdu et vulnérable, reviennent sans cesse. Il imagine son fils se heurtant à des barrières linguistiques, à des dangers imprévus, aux sombres réalités des favelas brésiliennes. Chaque coup de marteau dans le cuir, chaque point de couture est une prière silencieuse pour la sécurité de Jean. Parce que c'est ça, être père : s'inquiéter, espérer, et continuer à aimer inconditionnellement, malgré tout.

Est-ce qu'il a pris son permis ? Est-ce qu'il sait où dormir ? Et si quelque chose de grave arrivait ? Ces pensées le torturent, lui serrent le cœur à chaque instant de silence. Mais il sait qu'il ne peut rien faire d'autre qu'attendre. Attendre et espérer que Jean trouvera ce qu'il cherche et reviendra sain et sauf.

Élouan se lève, essuie ses mains sur son tablier et se dirige vers la porte. Il verrouille l'atelier pour la pause déjeuner et monte au premier étage.

— Salut, Gaël. Comment ça va ce matin ?

— Ça va, ça va. Toujours les mêmes douleurs, mais bon, on s'habitue.

Ils échangent un sourire complice. Depuis que Gaël a commencé à perdre la vue, leur amitié s'est renforcée, cimentée par l'entraide et l'humour. Aujourd'hui, pourtant, Élouan a du mal à dissimuler son inquiétude.

— Jean est bien arrivé au Brésil ? demande Gaël en s'asseyant à la table.

— Oui, il a envoyé un message que l'on a reçu ce matin. Il est dans une auberge. Il semble... excité. Mais tu sais comment c'est... Je ne peux pas m'empêcher de m'inquiéter.

— Il a besoin de trouver ses réponses. Peut-être que ce voyage lui fera du bien, même si c'est difficile à accepter, ajoute Gaël d'une voix douce.

— Oui, peut-être. J'espère juste qu'il sera prudent. Et toi, ça va ? demande Élouan en posant sur la table deux assiettes.

— J'ai décidé d'agir en justice.

Chapitre 17

Samedi 5 avril
J – 1

Élouan manque de casser un verre en le posant sur la table du déjeuner.

— Qu'est-ce que tu as dit ?

— Tu m'as très bien entendu, s'insurge Gaël. Ce matin, j'ai reçu un message, et j'ai décidé d'agir en justice. Tiens, regarde dans mon téléphone, il est posé sur le meuble télé.

Élouan avance dans le salon et saisit le smartphone. D'un mouvement de doigt, il le déverrouille, et fouille dans les applications.

— Bah dis donc, c'est écrit plus gros que sur le mien.

— Oui, mais toi, tu n'es pas en train de devenir aveugle, tu es juste en train de devenir vieux.

— Et l'option méchanceté, ça s'acquiert en même temps que la cécité ?

— C'était une option supplémentaire, le médecin me l'a rajoutée, tant que c'est la Sécu qui paie.

Avec un grand sourire aux lèvres, Élouan ouvre l'application de messagerie.

— C'est le message de Ninon, je suppose ?

Gaël acquiesce tout en préparant une vinaigrette dans un verre à moutarde aux dessins de Pokémon.

— « Je ne pourrai pas te déposer Colin demain comme prévu. Aussi, je souhaitais t'informer que je quitte la Bretagne pour m'installer dans le Sud-Est. Étant donné ta condition, il est préférable que Colin reste avec moi. Je pense que tu peux comprendre que je veux le bien-être de notre fils, tu dois vouloir la même chose », lit Élouan.

— Voilà ! Culotée, non ?

— Dans le Sud-Est ! Quelle idée ! s'exclame Élouan.

— Ce n'est pas ce qui m'a le plus choqué dans le message, si tu veux mon avis, répond Gaël.

— Bien sûr, pardonne-moi !

— « Étant donné ta condition », elle ne manque pas de culot. Je perds la vue, pas l'amour.

— Et Gilbert Montagné a bien eu deux enfants ! tonne le cordonnier.

— Je ne suis pas d'humeur à en rire, j'ai contacté une avocate ce matin. À vrai dire, j'avais déjà fait une requête auprès du juge aux affaires familiales afin de revoir notre mode de garde, mais j'ai finalement décidé de mettre une avocate sur le coup. Elle a déjà envoyé une mise en demeure à Ninon pour l'inviter à respecter l'accord qu'on avait, et on attend un retour pour une date d'audience. J'ai rendez-vous lundi à son cabinet pour compléter le dossier et prouver que je suis tout à fait capable de m'occuper de mon fils.

Elle m'a demandé de tout rassembler, contrat de mariage, papiers du divorce par consentement mutuel, la convention de divorce qui fixe la résidence de Colin chez elle et mon droit de visite et d'hébergement un week-end sur deux, les justificatifs de la maladie, la preuve de mes congés payés, les billets que j'avais pris pour Colin et moi, puis des photos de l'appart afin de montrer qu'il est adapté à un enfant. Je vais demander la garde !

— Exclusive ?

— Pourquoi pas exclusive, après tout ? C'est elle qui décide de déménager, de l'emmener loin de sa région natale !

Gaël sent la brise légère qui agite les rideaux, une fraîcheur qui contraste avec la chaleur persistante du printemps qui s'installe dans son appartement.

— Et tu as besoin de photos de ton appartement pour ça ?

— Tu imagines, toi ? Elle veut prouver que je peux être un père normal.

— Au vu du dossier, on est loin de *s'aimer sur une étoile ou sur un oreiller*[1].

— Et toi, ton fils, il est parti *vivre sous l'équateur du Brésil*[2] ? Je t'ai dit que je ne suis vraiment pas d'humeur avec les blagues. J'ai rendez-vous avec mon docteur lundi, d'ailleurs. Avocat et docteur, la belle journée ! Il veut qu'on fasse le point.

---

1. « On va s'aimer », Gilbert Montagné, texte de Didier Barbelivien.
2. « Les Sunlights des tropiques », Gilbert Montagné, texte de Didier Barbelivien.

— Le point sur quoi ?

— Le point-virgule, imbécile. Le point sur ma cécité.

— Mais il va te dire quoi ? Que tu perds la vue et puis c'est tout ?

— J'ai l'espoir qu'il me dise que ça va s'arrêter là, que je vais continuer à distinguer quelques formes, que je verrai encore un peu la lumière dessiner les silhouettes, que même s'ils sont flous, j'apercevrai les sourires de mon fils.

— Et tu crois que Ninon va utiliser ton handicap dans sa défense ?

— À la lecture de son message, ça me paraît plutôt clair.

— Préparer des dossiers pour prouver que tu peux être un bon parent, soupire Élouan, je suis passé par là, ce n'est pas évident.

— Eh bien, si j'ai besoin d'un ami pour me remonter le moral, tu me rappelleras de ne pas t'inviter, s'amuse Gaël en déposant une assiette de tomates et de mozzarella au centre de la table.

Dans l'appartement du premier étage, l'été semble s'installer en avance. Gaël a acheté un pot de basilic au marché de la place et il a ouvert les fenêtres. L'air gonfle les rideaux, les rayons du soleil se posent sur le parquet en point de Hongrie.

— Tu crois qu'elle réussirait à me retirer la garde ?

Son visage se ferme, le ton de sa voix s'aggrave, comme s'il prenait enfin conscience que le bonheur de serrer son fils dans ses bras pouvait s'échapper.

— Mais non, je suis sûr qu'elle cherche juste à te faire peur.

— C'est réussi.

— On va leur préparer un dossier béton. Bon, déjà, on va leur montrer que tu es un père parfait, un adulte responsable !

Élouan observe autour de lui : les plantes mortes, les coussins Simpsons, la vaisselle ébréchée, la PlayStation qui prend la poussière depuis qu'il ne peut plus y jouer, les figurines Pokémon qu'un ami lui a fabriquées avec une imprimante 3D qui trônent sur les étagères du salon, le t-shirt taché de son voisin qui dit : « Ne me parlez pas avant mon café de 16 heures » avec un Pikachu aux yeux fermés, portant une tasse de café fumante à ses lèvres.

— On a du boulot, en tout cas ! souffle le cordonnier.

— Être jugé non pas à ce que l'on peut apporter à son enfant, mais à ce que l'on véhicule comme image, c'est quand même absurde.

— Tu veux mettre toutes les chances de ton côté ou non ? s'insurge Élouan. Il faut que l'on prouve que tu es un père parfait, que tu t'entends bien avec les enfants, que tu as un appartement idéal pour l'accueillir, une situation financière stable et de l'amour à donner. On a jusqu'à lundi pour tout préparer.

— Mais tu vas avoir le temps de m'aider ? Tu ne dois pas garder la boutique ouverte cet après-midi ?

— Si, mais je pense que l'on peut solliciter ta voisine du dessus, un projet lui ferait du bien. Ils sont partis chercher leur grande, mais ils ne devraient pas tarder à revenir. On va réaménager l'appart' !

— Si tu me supprimes mes Pokémon pour me mettre du terracotta partout, des sabliers de chez Maisons du Monde et des livres de chez Gallimard que je ne lirai jamais sur les étagères, juste pour prouver que c'est une vie d'adulte que je mène, c'est à toi que je vais faire un procès. Pour moi, mes petites figurines, ce sont des œuvres d'art. J'ai appris leurs contours, j'ai appris leurs couleurs. Certaines sont collectors, tu sais ? Par exemple, le Carapuce, il est en édition limitée ! Dracofeu, je l'ai acheté sur eBay, on était plus de quarante sur la dernière enchère ! Mewtwo et Mew, je les ai trouvés sur Vinted à un prix dérisoire alors que c'est la première édition !

— Tu veux que je te dise la vérité, Gaël ?

— Sur quoi ?

— Je ne comprends rien à ce que tu me dis !

Les deux hommes rient dans le salon.

— Parlons de choses réelles, dit Élouan. Il va falloir commencer par te trouver une tenue. Hier, j'ai vu le petit jeune du dernier qui revenait avec des sacs de vêtements dans les mains. Tu veux que je monte lui demander où il les a achetés ?

— Le serveur ? Je dois ressembler à un adulte, tu m'as dit.

— Et alors ? Il avait l'air plus adulte que toi ! Allez, viens, on monte le voir.

— Maintenant ?

— Pourquoi, tu as autre chose à proposer pour ton dossier ?

Gaël ne commente pas.

— C'est bien ce que je pensais.

Les deux hommes ouvrent la porte sur la cage d'escalier et montent les marches des deux étages les séparant du studio. Élouan donne trois coups sur la porte de bois.

— J'arrive ! répond la voix du jeune homme.

Chapitre 18

Samedi 5 avril
J – 1

Roméo ouvre la porte. Il porte sa tenue de service, vêtu de noir de la tête aux pieds. Sa chemise est froissée, avec de grandes auréoles de transpiration au niveau des aisselles.

— Je suis désolé, je viens juste de rentrer du service du midi, je comptais filer prendre une douche. Je peux vous aider ?

Roméo est ainsi, à peine ouvre-t-il la porte qu'il exprime déjà sa désolation. Ses voisins viennent le déranger alors qu'il est épuisé par son travail, mais il demande pardon avant même de dire bonjour. Il a passé tellement d'années à être un autre qu'il s'excuserait presque d'exister aujourd'hui.

— C'est plutôt une bonne nouvelle. Ça veut dire que ton service d'hier soir s'est bien déroulé !

— Il faut croire que le client à qui j'ai proposé une galette andouillette « cinq A » alors qu'il était végétarien n'a pas porté plainte.

— Tu peux être fier de toi, alors ! le félicite Élouan.

Roméo connaît le pouvoir des mots. Il maîtrise Prévert sur le bout des doigts, aime tous ses poèmes. Il connaît le pouvoir de « Demain, dès l'aube, à l'heure où blanchit la campagne, / Je partirai. Vois-tu, je sais que tu m'attends[1] », d'un Victor Hugo qui pleure sa fille. Il connaît le pouvoir de « C'est un trou de verdure où chante une rivière » que dépeint Arthur Rimbaud pour son dormeur du val. Oui, Roméo connaît le pouvoir des mots et pourtant il se laisse surprendre par cette phrase simple qu'un homme qui pourrait être son père lui clame. « Tu peux être fier de toi. » Peut-être parce qu'il est surpris, peut-être parce qu'il est gêné, peut-être aussi parce qu'il ne se souvient pas de l'avoir entendue un jour, peut-être pour toutes ces raisons à la fois, Roméo rougit.

— Merci, c'est gentil.

— J'aimerais te parler de quelque chose, balbutie Gaël.

— Si c'est par rapport au fait que j'ai utilisé l'aspirateur et la serpillière des parties communes hier, je me suis déjà fait gronder par la voisine du dessous. Ne vous inquiétez pas, je ne le ferai plus.

— Je ne sais même pas de quoi tu parles. Et à mon avis, Laurène a d'autres chats à fouetter que de colporter que tu as utilisé la serpillière de la cage d'escalier. Élouan m'a dit qu'hier tu étais allé faire les magasins et je me demandais si tu pouvais m'aider.

---

1. Victor Hugo a écrit le poème « Demain, dès l'aube » en hommage à sa fille Léopoldine, décédée le 4 septembre 1843. Dans ces vers, il évoque son pèlerinage annuel sur sa tombe.

— À faire les magasins ? l'interroge Roméo.

— Disons que j'ai un rendez-vous très important lundi et j'ai besoin d'un costume. Enfin, j'ai besoin d'avoir l'air adulte. Tu vois ce que je veux dire ?

— Je ne suis pas sûr de comprendre. J'ai mis une chemise pour la deuxième fois de ma vie hier. La première fois, c'était pour ma communion. Je ne suis pas convaincu d'être une référence dans le domaine.

— Allez, petit, tu vois bien qu'il est en train de devenir aveugle ! s'agace Élouan. Il serait capable de se présenter chez son avocat – voire pire, devant le juge aux affaires familiales – avec une chemise hawaïenne et un pantalon fuchsia.

La remarque fait sourire le jeune homme.

— Élouan, je t'interdis de jouer la carte de l'aveugle ! peste le trentenaire.

— Gaël, tu as besoin que quelqu'un t'accompagne cet après-midi. Moi, je bosse. Demain, c'est dimanche. Lundi, tu as ton rendez-vous, alors je joue les cartes que j'ai en main.

Face aux deux hommes sur son palier, Roméo ne peut s'empêcher de rire. Ils donnent l'impression de se connaître depuis longtemps, pourtant ils semblent n'avoir rien en commun. L'un, les cheveux gris, la barbe amicale, la marinière recouverte de taches de cire pour le cuir, la soixantaine, et l'autre, plutôt la trentaine, arborant un t-shirt d'Homer Simpson clamant : « Je suis un grincheux au grand cœur » avec un donut dans la main et les paupières lourdes. Il n'a jamais connu cela, les ponts qui se créent entre les régions isolées, les habitants d'un même endroit qui partagent leur quotidien alors qu'ils ont peu en commun. Roméo songe à ses parents, à cette famille qu'ils formaient. Partager un toit, partager du sang ne crée pas des ponts pour autant.

Les yeux de Gaël ont du mal à se poser quelque part. Ses pupilles laiteuses cherchent à plonger dans le regard de Roméo. *Il ne serait pas là s'il n'avait pas vraiment besoin de moi*, se dit le jeune homme.

— Je pourrais me libérer d'ici vingt minutes, mais j'ai vraiment besoin de prendre une douche avant de sortir. Je devais aller acheter des draps et des serviettes de toute façon, j'ai oublié d'en prendre hier.

— Merci, petit ! s'exclame Élouan, comme si l'après-midi shopping de ses deux voisins allait changer sa vie.

Gaël le remercie sincèrement.

— Je vous retrouve dans vingt minutes directement à votre porte si ça vous convient.

— Oui, mais tu vas devoir me tutoyer aussi.

— Ça marche.

Roméo ferme la porte et se déshabille rapidement. Il tire le rideau de plastique et fait couler l'eau chaude. Sur sa peau, les gouttes ruissellent. L'odeur de transpiration s'efface peu à peu au profit de la noix de coco. Le gel se transforme en mousse et Roméo a la sensation de se laver de son service du midi. Il repense à ses pourboires, vingt-six euros. Un petit peu moins que la veille, mais toujours plus qu'avant qu'il ne prenne ce travail. Il commence à prendre ses marques, à proposer aux clients telle ou telle galette, à sourire plus lorsqu'il note les commandes, à équilibrer le plateau de bolées de cidre. À peine croise-t-il le regard de Jules que tout son corps s'ébranle. Lorsqu'il sent que son collègue l'observe, lorsqu'il lui demande d'une voix grave s'il a besoin d'aide, il n'a pas les mots. Il le trouve bel homme, avec une carrure imposante, des muscles qui se dessinent au travers de la chemise et un pantalon qui moule parfaitement son fessier. Ou est-ce l'inverse ? Avant de partir, Jules lui a conseillé de faire une sieste entre les deux services, mais il se retrouve à devoir aider son voisin. Après tout, c'est grâce à lui qu'il a trouvé ce travail. Il se sèche la peau à l'aide d'une serviette rêche qu'il a prise en partant de chez ses parents et efface la buée sur le miroir. *Serviette douce*, rajoute-t-il à sa liste de courses. Il enfile un t-shirt blanc dont les manches bâillent autour de ses bras fins et un jean qu'il doit compléter d'une ceinture s'il ne veut pas se retrouver les fesses à l'air sur la place Saint-Corentin.

Il ferme la porte de son studio, donne un tour de clef et descend les marches. Le bois craque sous ses baskets légères. Il rejoint Élouan et Gaël en train de quémander devant la porte du deuxième étage.

— Je suis prêt, leur annonce-t-il.

— J'arrive tout de suite. Laurène, tu connais Roméo ?

Chapitre 19

Samedi 5 avril
J – 1

Oui, Laurène connaît ce jeune homme. Elle lui a hurlé dessus hier. Elle s'en veut encore, d'ailleurs. Elle lui tend sa main. Le vernis de ses ongles est écaillé, son t-shirt est couvert de taches de lait séché, ses cheveux sont attachés en une queue-de-cheval dont quelques mèches s'évadent. Elle espère qu'il ne remarquera pas.

— Désolée, pour hier, murmure-t-elle entre ses dents.

— Aucun problème, j'aurais dû demander la permission, s'incline le jeune du dernier étage. Je ne voulais pas vous déranger.

— Tu peux me tutoyer, tu sais. Ne me vieillis pas inutilement. Les nuits blanches de mes filles se chargent déjà de ça !

La proposition d'Élouan et de Gaël est tentante. Elle entend les pleurs de sa dernière surgir de sa chambre.

— Je suis désolée, je dois y aller.

— Ne t'inquiète pas, chérie, je m'en occupe, annonce son mari, un biberon et un lange à la main, prêt à nourrir Jade.

— Je peux t'aider, papa ? demande Rose.

— Si tu veux. Tu es une grande sœur maintenant, tu peux t'occuper de ta petite sœur.

Laurène observe ce portrait de famille d'un œil attendri.

— C'est que... j'ai des courses à faire. Je ne peux pas m'en libérer, je suis désolée.

— Je fais une commande en ligne, crie Antoine à travers le salon. Va aider ton voisin, ça te fera du bien !

Elle déteste être prise de court. N'est-il pas censé être son allié ? Elle n'a aucune envie d'aller redécorer l'appartement du dessous. Elle l'aime bien, Gaël, cela n'a rien à voir avec lui, mais ce n'est pas pour autant qu'elle souhaite passer l'après-midi à décorer son intérieur. Quand elle est rentrée de l'hôpital pour Rose, il lui avait acheté un joli bouquet de fleurs. Pour Jade, il avait eu le malheur d'offrir deux bodies avec, sur chacun, écrit : « Ma sœur est la plus belle », quelques jours avant la naissance. Pendant qu'elle était bloquée entre ses larmes et les murs de sa chambre d'hôpital, il est venu aider Antoine à tout ranger, à tout cacher, à tout pleurer. Oui, parfois il est plus simple de se confier à un voisin, de laisser la carapace se briser autour d'une bière avec un voisin qu'avec sa femme et son chagrin. Peut-être qu'il ne se sentait pas légitime d'avoir son chagrin, qu'il n'osait pas en parler, pas à elle. Elle pour qui la peine semblait décuplée. Depuis, mis à part un bonjour murmuré dans la cage d'escalier alors qu'elle sortait la poubelle de couches sales, elle n'a rien partagé d'autre avec son voisin qu'un plancher – et réciproquement, un plafond.

— Je ne pense pas pouvoir faire des miracles en si peu de temps, avoue-t-elle.

— Merci beaucoup, Laurène, je suis convaincu que tu sauras révéler le potentiel de l'appartement.

— Tu as combien de budget ?

— Je me suis fait rembourser le séjour au parc d'attractions où je devais emmener Colin cette semaine. J'ai bien fait de prendre une assurance annulation. Un peu moins de mille euros, ça t'ira ?

— Ce sera parfait. Je vais commencer par venir voir l'existant et on ira ensuite faire les magasins de décoration, mais tu ne trouves pas ça un peu *too much* pour un simple rendez-vous avec ton avocat ?

— Si on t'enlevait tes filles, et que mille euros pouvaient te les rendre, tu réfléchirais ?

À la seconde où Gaël prononce cette phrase, il semble comprendre sa maladresse. Il se confond en excuses, il l'implore de lui pardonner. Laurène comprend que ce n'est pas intentionnel, mais cette question la ramène évidemment à son séjour à l'hôpital, à sa fille à qui on lui propose de dire adieu. Elle repense à ce corps frêle, à ce corps bleu, à cet amour qui prend la place d'un coup et qui, soudain, n'a plus personne pour le recevoir. Elle avait eu le temps de s'y préparer, de s'imaginer ce que serait ce moment, cette rencontre si particulière, mais elle n'avait pas imaginé que ce serait si difficile. Alors oui, contre mille euros, contre dix mille, contre cent mille, contre tous les crédits du monde, elle aurait échangé la vie de sa fille. Tout l'or du monde ne valait plus rien.

— Est-ce que je peux te laisser mes clefs le temps que j'aille acheter un costume avec Roméo, et je te rejoins juste après ?

Laurène saisit le trousseau et s'infiltre dans l'appartement.

Elle ferme la porte derrière elle. Elle est seule. Depuis combien de temps ne l'a-t-elle pas été ? Dans l'entrée, elle observe les photos accrochées aux murs avec de la pâte à fixer. Son œil de décoratrice ne peut s'empêcher de les imaginer dans des cadres en bois de chêne ou en laiton, mais son œil de mère est attendri par les photos de Colin qui grandit. Sur chaque cliché, un souvenir : qui à son anniversaire, qui dans un manège, qui avec son cartable sur le dos devant l'école. L'enfant a toujours un sourire dessiné sur son visage.

Elle avance dans ce salon où, autrefois, elle venait partager un apéritif, discuter autour d'une tasse de café, échanger sur les charges de copropriété. Pour elle, les années les ont changés : la naissance de Rose les a contraints à réorganiser les pièces, à repeindre les chambres dans des couleurs plus pastel, Antoine avait craqué sur un tableau dans un marché aux puces de la ville qui habille aujourd'hui le mur derrière le canapé, elle avait craqué sur une nouvelle table basse avant la naissance des jumelles, de nouveaux rideaux, une plante qui s'épanouit dans la lumière. Leur appartement se métamorphose avec les années, avec les envies, avec leurs filles. Chez Gaël, rien n'a changé. C'est l'appartement d'un *adulescent*. Elle l'a connu célibataire, marié, puis divorcé. En partageant son plancher avec lui pendant près de quinze ans, elle a râlé sur les soirées avec la musique trop forte et les amis trop alcoolisés qui chantent à la fenêtre, elle les a entendus répéter leur ouverture de bal sur « A Thousand Years » de Christina Perri, puis les pleurs de Colin qui ont précédé de quelques années ceux de sa propre fille. Certainement qu'il a entendu les premiers pas lourds de Rose, puis les tours de salon qu'elle faisait en courant. Il ne s'est jamais plaint. Puis, il a commencé à perdre la vue quand Rose est née. Il s'est alors renfermé sur lui-même, puis le divorce n'a pas aidé l'estime qu'il se portait. Les tasses de café fumantes qu'ils partageaient se sont espacées. Depuis, ils ne se croisent qu'une fois par an, à l'assemblée générale des copropriétaires qu'Élouan organise.

Sur les étagères du salon, des figurines pop de ses Pokémon préférés qu'elle se retrouve incapable de nommer, des DVD de séries animées, des mangas cornés, des bols ébréchés avec un fond de lait et des céréales molles flottant à la surface, des canettes de soda écrasées. Laurène remarque les murs blancs, les traits de couleur sur les plinthes dessinés par son fils, les plantes malades, le courrier administratif qui s'empile sur la table basse Lack de chez Ikea, qui a autant d'élégance qu'un botte-cul. Ce n'est pas de refaire la décoration de son appartement que Gaël a besoin, c'est d'un coup de pied aux fesses pour se reprendre en main. Elle est bien mal placée pour parler, pense-t-elle, elle qui n'a pas quitté son appartement depuis deux mois, les rideaux tirés, l'obscurité envahissante. C'est curieux, se dit-elle, depuis qu'elle est descendue dans l'appartement de son voisin, elle n'a pas pensé à ses filles. Ses trois filles. Elle s'est abandonnée à contempler, à réfléchir, à songer aux couleurs qui iraient bien sur ce mur, aux cadres pour l'entrée, à la table basse qu'elle a remarquée dans une de ses boutiques favorites alors qu'elle cherchait une chaise à bascule pour la chambre des filles, aux voilages qu'elle accrocherait aux fenêtres. Oui, elle s'est laissée ranimer par la passion de son travail, par ce qu'elle aimait faire par-dessus tout avant le drame.

Elle s'installe sur le canapé et, depuis son téléphone, navigue entre plusieurs onglets à la recherche des références de peintures, de mobilier et de décorations qu'elle visualise dans cet appartement. Elle fait des captures d'écran, organise les photos dans des dossiers et, depuis la calculette intégrée de son téléphone, calcule les coûts. Elle essaie de trouver les éléments qui changeront l'ambiance sans trop dépenser pour autant.

Quelques minutes plus tard à peine, Roméo et Gaël sont de retour, des sacs en papier kraft dans les mains. Quelques secondes ou quelques heures selon le jeune homme. La perception du temps est si différente selon les points de vue, comme le nombre de personnes dans les manifestations selon la police ou les syndicats.

— Vous avez trouvé ce qu'il vous fallait ? leur demande-t-elle, innocente, sans se douter qu'elle s'apprête à ouvrir la boîte de Pandore des plaintes.

— Vous avez déjà fait..., commence Roméo.

— Tu. Tu, le coupe Laurène.

— Pardon. Tu as déjà fait du shopping avec quelqu'un qui ne voulait rien acheter ? Tout est soit trop court, soit trop noir, soit trop lumineux, la matière colle à la peau, elle est trop légère, il ne se sent pas respirer comme il faut, la chemise est trop compliquée à enfiler. Si c'est trop cher, c'est du vol, si ce n'est pas assez cher, c'est de la camelote. J'espère que vous... tu auras plus de succès avec la décoration, moi, je démissionne.

— Mais, dans le sac, il doit bien y avoir quelque chose qui lui a plu. Tu as été si difficile que ça, Gaël ?

— J'ai trouvé une chemise blanche et un costume bleu marine.

— *Tu* as trouvé ? reprend Roméo, essoufflé. J'ai dû te convaincre et argumenter pendant vingt minutes qu'une chemise blanche était un *must* pour tout homme.

— N'est pas Cristina Córdula qui veut, taquine Laurène.

— Mais, petit un, s'agace-t-il, je ne voulais pas être Cristina Córdula, je voulais faire une sieste, moi ! Et, petit deux, je te souhaite bien du courage, Valérie Domida !

— Damidot. C'est Valérie Damidot.

— Pas ma génération ! Pas mon problème ! J'ai une sieste à faire avant mon service de ce soir.

Le jeune homme tourne les talons et claque la porte.

— Tu y es peut-être allé un peu fort, tu ne crois pas ? l'interroge Laurène.

— Peut-être.

— Tu ne veux pas lui demander pardon ?

— Non, je vais le laisser se reposer, j'irai le voir plus tard. Tu crois que c'est facile, toi, d'accepter qu'un plus jeune sache mieux que toi ?

— Je ne pense pas que ça ait un lien avec l'âge, je crois qu'il est difficile d'accepter de l'aide, tout simplement, même quand on est en demande.

Un silence s'impose entre les deux voisins. Elle a envie de lui parler des couleurs qui iraient bien avec son intérieur, de la nappe en toile de Jouy qui revient à la mode et qu'elle a vue sur un site de décoration en ligne, des objets qu'elle pense retirer de ses étagères. Elle a envie de lui parler, mais les mots sonneraient faux et maladroit. Bien sûr qu'il se moque des couleurs qu'il ne peut plus voir, des motifs imprimés sur le coton de sa nappe qu'il ne peut pas distinguer. Elle s'approche de Gaël. Elle lui prend les mains, puis pose sa tête sur son épaule. Là, au creux de sa nuque, elle s'effondre. Les larmes coulent comme une hémorragie.

— Je suis désolé, murmure Gaël, comme si les mots pouvaient soulager. Je suis désolé pour vous.

Entre deux sanglots, elle soupire que c'est difficile, qu'elle s'en veut, qu'elle ne veut plus vivre. Vit-elle encore, d'ailleurs ? Elle va passer sa vie à se demander comment serait Emma. Est-ce qu'elle ressemblerait à Jade ? Est-ce qu'elle aurait de meilleures notes que sa jumelle ? Est-ce qu'elle porterait un appareil dentaire ?

— On ne saura jamais, souffle Gaël.

Elle redresse sa tête et essuie ses larmes avec son bras. Elle a encore la lèvre tremblante.

— Bon, lance-t-elle d'un ton enthousiaste, ce n'est pas le tout, mais on a un appartement à rénover !

*

Un peu plus tard, Élouan les rejoint pour peindre le mur du salon en vert sauge. Laurène a essayé de le convaincre pour le terracotta, mais le mieux qu'elle ait pu négocier est un sablier à gros grains qui compte les secondes pour remplacer le Pikachu des étagères. Il est près de 19 heures quand ils s'arrêtent pour observer le résultat dans l'ensemble. Le mur est vert, les photos sont dans des cadres, la nouvelle table basse est installée devant le canapé et les décorations d'adolescent ont été rangées dans un carton. L'appartement n'est pas métamorphosé, il faut l'admettre.

— Mouais, s'aventure dubitativement Élouan.

— Vous me faites peur, confesse Gaël qui tente de deviner les contours des nouveaux objets dans son appartement.

— Disons que ça ne révolutionne pas grand-chose, admet Laurène.

— C'est un peu mieux quand même.

— Oui, un peu.

— Un peu mieux, répète-t-lle, peu convaincue.

— Tu es sûre que c'est ton métier ?

Elle esquisse un sourire. Elle connaît bien le ton taquin d'Élouan.

— En tout cas, aucun client ne s'est jamais plaint de mon travail.

— Si j'étais ton patron, Laurène, je serais bien heureux de te savoir en congé maternité.

Elle éclate de rire dans le salon. Des rires qui sonnent juste, qui rebondissent sur les cloisons, qui réchauffent le cœur. Élouan la rejoint de son rire gras.

— Je te supplierais même de prendre ton temps pour te remettre de ton drame et de prolonger avec un arrêt maladie !

Laurène est incontrôlable. Ses éclats de rire résonnent dans l'immeuble.

— Je n'avais que deux, trois heures pour m'occuper de tout ça ! tente-t-elle de se justifier.

— J'ai perdu mille balles, s'amuse Gaël.

— Mais non ! La couleur est très jolie, puis tu verras, la table basse est très tendance !

— Bah non, justement, Laurène, je ne verrai pas.

C'est devenu nerveux au 13 de la rue Kéréon. Les trois voisins pleurent de rire. Laurène a mal au ventre, elle s'est littéralement pliée en deux.

— Ne me faites pas rire, supplie la jeune femme en reprenant sa respiration, mon périnée est affaibli !

Mais l'argument anatomique ne fait que remettre une pièce dans la machine pour les deux hommes qui imaginent leur voisine uriner dans le salon et s'accroupissent, se tordant de rire. En se baissant, Gaël se cogne le genou contre la nouvelle table basse dont il n'a pas encore apprivoisé la forme. C'en est trop pour Laurène qui court aux toilettes en manquant de se prendre les pieds dans les sacs de shopping encore posés dans l'entrée.

Quelques minutes plus tard, le calme est revenu au premier étage. Roméo a été invité pour admirer le résultat.

— Je ne vois pas ce qu'il y a de spécial, c'est un peu le désordre quand même, a-t-il conclu.

Pour les remercier de leurs efforts respectifs, Gaël ouvre une bouteille de vin blanc.

— Pas pour moi, décline Laurène, j'allaite encore un peu Jade.

— Moi, je vais rentrer à la maison, j'ai un petit peu de route, annonce Élouan.

— Je ne voudrais pas arriver pompette pour mon deuxième jour à la crêperie, ajoute Roméo.

— Bon, je vais porter un toast à votre aide avec des verres vides, alors. Je voulais vous remercier d'avoir réagi en un après-midi. Parfois, on entend crier à l'égoïsme, que le monde était mieux avant, qu'il n'y a plus d'entraide, que les gens sont devenus nombrilistes. S'ils voyaient ce que vous avez réussi à faire en si peu de temps, que ce soit pour les vêtements qui permettront au juge de me voir tel que je dois être, pour l'appartement qui reflète certainement l'image d'un père de famille – même si j'ai encore beaucoup de rangement à faire demain –, ou pour le bien au moral… Tout simplement merci.

— Tu nous tiendras au courant de ton rendez-vous ? demande Laurène.

— Bien sûr.

— Je vais devoir filer, je commence dans dix minutes, on peut trinquer rapidement ?

— Très bien, on trinque à quoi ? demande Laurène.

— À la difficulté d'être un parent ! s'exclame Élouan.

— Oh, la belle idée ! À tout l'amour pour nos enfants et toutes les emmerdes qu'ils nous apportent !

— Aux emmerdes ! rejoint Laurène, levant son verre d'eau.

Roméo est en retrait, exclu de ces considérations.

— Vous ne voulez pas plutôt trinquer aux emmerdes d'avoir des parents ? Parce que niveau complexité relationnelle, il n'y a pas plus timbré qu'un parent quand même ! Ça galère pendant des années à te concevoir, à t'élever, à te torcher, à t'enseigner à marcher, à parler, à compter, ça te donne un amour prétendument inconditionnel mais qui vient quand même avec son lot de conditions, pour, dès que l'occasion se présente, te souhaiter bon vent dans la vie d'adulte, en te mettant gentiment à la porte, une valise dans une main, et un gratin de courgettes préparé par maman dans l'autre, pour les plus chanceux.

Les voisins se regardent en silence. Ils n'osent rien dire. Tous comprennent les douleurs, tous comprennent les plaies ouvertes, les blessures du jeune homme.

— Me regardez pas comme ça ! s'insurge Roméo. Je lisais, pas plus tard qu'hier, que dans quarante-deux pour cent des thérapies chez le psychologue, le patient se retrouve à comprendre les blessures de son enfance liées à ses parents. Quarante-deux pour cent ! Vous imaginez ? Un psychologue affirmait dans un journal que sur une période d'une année, il s'est forcé à demander à ses patients : « Et avec vos parents, ça va ? », sans mettre une pièce supplémentaire dans la machine, pour que chacun d'eux finisse par se livrer sur les problématiques relationnelles ! Ne soyez pas surpris, aucun de vous n'a de problèmes avec ses parents peut-être ?

Chacun baisse les yeux, soudain émerveillé par le parquet.

— L'ambiance n'est plus trop au toast, souligne Gaël.

— On peut toaster à l'amour ? propose le jeune homme. C'est bien l'amour qui vous lie à vos enfants, c'est bien l'amour qui nous fait nous lever le matin. L'amour de notre famille, l'amour de nos amis, l'amour de notre travail pour certains, l'amour de notre patrie pour d'autres, de notre chien, de notre chat, de nos voisins, de l'art, de l'architecture, de la musique, de la poésie. On ne toaste pas assez souvent à l'amour.

— Eh bien, si toi tu n'es pas un romantique, taquine Élouan.

— Et pourquoi ce serait une insulte ? Pourquoi ce serait péjoratif de parler d'amour ?

— Tu as raison, petit, ça ne l'est pas ! soupire le cordonnier.

— Alors trinquons à l'amour, acquiesce Gaël.

Les verres s'entrechoquent et des sourires se partagent.

— Allez, je file, dit le jeune homme en attrapant sa sacoche.

— Merci, Roméo, pour ton aide, insiste Élouan.

Chapitre 20

Samedi 5 avril
J – 1

Des frissons lui parcourent le corps. Il n'a pas fait grand-chose, il a simplement aidé un voisin dans le besoin. À dire vrai, il a même pris plaisir à conseiller Gaël. Les remerciements du cordonnier et de son voisin du premier le touchent. Il se demande s'il a déjà entendu son père le remercier pour quelque chose. Lorsqu'il participait, à la maison, c'était normal pour un adolescent de son âge. Lorsqu'il leur préparait des surprises, tondait la pelouse devant le porche, amenait le chat chez le toiletteur, allait chercher les sushis à vélo, ponçait la table à manger parce que le vernis ne plaisait plus à sa mère, nettoyait la litière, passait la serpillière, vidait le lave-vaisselle, rien. Jamais un merci. Son père lui avait dit un jour : « Tu as déjà la chance de ne pas avoir de loyer à payer, tu ne vas pas non plus être logé sans rien faire. »

Il se lève et quitte l'appartement. En descendant les escaliers, il ne peut s'empêcher d'éprouver de la peine pour son voisin. Perdre la vue, aussi jeune, avec un fils, puis s'imaginer perdre la garde. Il aimerait pouvoir faire plus qu'une heure de shopping pour aider. Il accélère le pas pour ne pas se mettre en retard. Inévitablement, son cœur s'accélère à l'idée de revoir Jules. Depuis hier soir, il se rejoue le film de leur rencontre. « Je me trompe rarement lorsqu'un garçon me plaît. » Il avait bien entendu ces mots. Il les avait entendus distinctement et les avait ressentis dans tout son corps. Ses doigts s'étaient mis à trembler, les papillons dans son ventre avaient battu des ailes, ses lèvres s'étaient asséchées. Il ne sait pas comment réagir ce soir. Ce n'est pas le service qui l'angoisse, il commence à connaître sa carte, à prendre de l'aisance dans la discussion avec les clients et, plutôt que d'apprendre à porter un plateau plein de bolées de cidre remplies généreusement, il a préféré travailler ses compétences en négociation et oriente les clients vers une bouteille. C'est davantage de retrouver Jules qui lui fait peur. Il ressent quelque chose, là, profondément, au creux de son ventre, c'est difficile à expliquer. À son entrée en seconde, au lycée, un garçon d'une autre classe lui avait fait le même effet. Il en avait parlé à Éléa qui l'avait poussé à aller lui parler. Mais que dit-on à un garçon qui hante nos nuits ? Roméo avait imaginé mille scénarios. Il avait même acheté un paquet de cigarettes pour aller lui demander du feu (c'est ainsi que s'étaient rencontrés ses parents, il avait espéré reproduire le schéma). L'adolescent lui avait prêté son briquet, Roméo avait allumé la cigarette en inspirant de tous ses poumons et s'était ridiculisé en s'étouffant avec la fumée aspirée. La drague, si on peut qualifier cette démonstration d'affection par ce mot, il était vacciné contre.

Le jeune homme arrive place au Beurre. Jules s'affaire déjà en terrasse. Son pantalon noir parfaitement repassé, ses chaussures proprement cirées, sa chemise noire correctement taillée, tout en lui est élégance. Il a un air de John Travolta dans *Grease*. « *I got chills, they're multiplying.* »

— Salut, toi ! lui lance-t-il avec un clin d'œil, un plateau de panachés et de Breizh Cola en équilibre sur sa paume pour une table de jeunes adultes.

Roméo lui répond d'un signe de la main et pénètre dans le restaurant. Nathalie semble déjà débordée par l'organisation des réservations. Il fait chaud et chaque client semble préférer une table en terrasse avant l'orage annoncé pour demain. Profiter des jours de beau temps, ils sont si peu nombreux.

— Je fais ce que je peux, monsieur, mais je ne vous garantis pas une place en extérieur, finit-elle par dire avant de raccrocher le téléphone, un peu agacée.

Elle remarque Roméo qui range son sac derrière le bar, récupère un bloc-notes et un stylo, puis s'élance en salle.

— Attends, s'écrie-t-elle.

Il se retourne et constate qu'elle s'adresse à lui. Elle a certainement oublié son prénom depuis hier.

— Oui ?

— Tu vas m'aider à sortir les tables intérieures. On va empiéter un petit peu sur l'espace public, au pire j'aurai les services de la voirie sur le dos, mais au moins les clients seront contents. Puis, vous serez tous les deux en terrasse avec Jules, l'un prendra la moitié gauche, l'autre la moitié droite.

— Avec Jules ? répète-t-il, embarrassé.

— Bah avec qui autrement ? Tu vois d'autres serveurs ici ?

Le franc-parler de cette femme l'impressionnera toujours. Il pense à sa mère, tout son opposé : plutôt discrète, avec une légère tendance à se taire lorsque son père élève la voix. Nathalie prend des risques, court dans tous les sens pour son restaurant, elle engueule ses fournisseurs au téléphone s'ils lui font subir des retards de livraison. Elle tient fermement les rênes de son entreprise. Roméo acquiesce et soulève une table d'intérieur pour la déposer sur la terrasse.

— Attends, je vais t'aider, tu vas te tuer le dos si tu fais ça tout seul, intervient Jules.

— Merci, rougit Roméo.

Lorsque son mentor soulève les tables par le plateau, il ne peut s'empêcher d'observer ses muscles bandés. Ce jeune homme dégage une aura autour de lui, quelque chose qu'il ne saurait expliquer.

— Tu prends la partie de gauche, il y a moins de tables, ce sera plus facile pour toi.

— Ça marche, acquiesce Roméo.

Il aurait envie de répondre par autre chose que des phrases courtes. Il aurait envie de lui demander ce qu'il voulait dire hier soir par les mots « je me trompe rarement lorsqu'un garçon me plaît ». Est-ce qu'il avait bien entendu ? Est-ce qu'il avait bien compris ? Il aurait envie de lui dire qu'il ressent une boule dans son ventre, comme un stress lors de son premier jour de travail à la crêperie, comme un trac lors de son oral de français, comme l'émotion qu'il a ressentie lorsque Céline Dion a chanté « Hymne à l'amour » sur la tour Eiffel. Quelques vers lui viennent à l'esprit.

Les phrases à peine prononcées,
Les mots tellement désirés,
Des étincelles dans la nuit.

Le service est compliqué. La cuisine se trompe dans les commandes, il faut expliquer le retard aux clients impatients, il manque de se faire insulter en ouvrant une bouteille de cidre doux au lieu du brut commandé, rapidement son bloc-notes se remplit, son écriture se transforme en gribouillis qu'il a du mal à relire, il fait répéter les clients, puis le calme revient, les sucrées sont servies, les digestifs proposés, les additions réglées et quelques pourboires laissés.

— Voilà, le rêveur, tu viens de faire ton premier samedi soir.

Le rêveur. Il se demande pourquoi Jules le surnomme ainsi. Ça ne lui déplaît pas. Au contraire même, il ressent une douceur particulière. Comme si l'air se réchauffait de quelques degrés, alors que la nuit est sombrement installée.

— Tu veux que je te commande une galette auprès d'André ? demande Roméo.

— Le samedi soir, tu as aussi le droit de demander à Rashvi de te préparer une sucrée, répond Jules.

— Cool, tu veux que je leur demande lesquelles pour toi ?

— On va jouer à un jeu si ça te va.

— Un jeu ? l'interroge Roméo.

— Je vais essayer de deviner pour toi, et tu vas essayer de deviner pour moi.

— C'est un jeu que tu fais avec tous les nouveaux ?

— Seulement ceux que j'aime bien, autant te dire que c'est la première fois que j'y joue.

Cette fois-ci, il a bien entendu. Il en est sûr ! Et pourtant, il ne sait pas quoi répondre. Il se retrouve immobile dans la salle de restaurant, sa lavette à la main.

— Andouille, poitrine et jambon blanc ?

— Pardon ? demande Jules.

— La galette que tu prendrais, c'est la Viandarde !

— Raté ! Je suis végétarien. Toi, en revanche, c'est la Périgourdine, avec le magret séché.

— Comment tu sais ?

— C'est celle que tu as prise hier soir, et tu as répété trois fois qu'elle était trop bonne en la mangeant. Je ne t'imagine pas comme quelqu'un qui prendrait le risque de découvrir quelque chose de nouveau alors qu'il sait qu'il peut être satisfait par quelque chose de présent sur la carte.

Dans le mille.

— Et en dessert, je suppose que tu prendras une classique, sucre et citron par exemple ?

— Presque, répond Jules, je vais prendre une Douceur : pommes caramélisées, chantilly maison, glace à la vanille et caramel au beurre salé.

— Je n'y étais pas du tout !

— Non, mais je ne voulais pas te frustrer, s'amuse le jeune homme. Et toi, je pense que tu vas prendre une Douceur aussi ?

— J'avoue qu'elle a l'air pas mal, je l'ai servie plusieurs fois ce soir.

— Comme ça, quand je t'embrasserai ce soir, je retrouverai le goût du caramel au beurre salé sur tes lèvres.

Comment ? Il a dit quoi ? Que Nathalie ait un franc-parler avec ses clients et fournisseurs, c'est une chose, mais que Jules soit aussi direct dans ses propos, c'en est une autre. Est-ce que la Terre s'est arrêtée de tourner ? C'est tout drôle comme sensation, il a l'impression que ce n'est plus le même monde qu'il y a quelques secondes. Quelque chose a dû changer. Est-ce le temps qui s'est figé ? Est-ce la gravité qui s'est arrêtée ? Oui, c'est ça ! C'est la gravité ! Il sent qu'il est en train de s'effondrer, de se rapprocher du sol, de s'évanouir. Doit-il répondre ? Doit-il l'embrasser, là, au milieu du restaurant, alors que les cuisiniers et Nathalie sont en train de fumer une cigarette sur la terrasse ? Ce n'est pas qu'il n'en a pas envie, c'est qu'il ne sait pas comment faire. Il s'approche. Il pose un pied légèrement en avant.

Entre eux, la d i s t a n c e fond comme neige au soleil,
Le monde se resserre, leurs souffles se mêlent,
Le vide se contracte, l'espace se plie,
Un instant suspendu, où tout se *réduit*

Leurs lèvres s'effleurent. Le souffle chaud de son haleine le fait frissonner. Sur ses bras, les poils se dressent, comme parcourus par un courant électrique. La Terre reprend sa danse, la gravité allège son cœur, il a la sensation de flotter dans une bulle volant au vent.

Il entend le cri du cœur de Nathalie et des cuisiniers. André écrase sa cigarette et s'exclame :

— Et bim ! Dix euros de gagnés ! Je te l'avais dit, Rashvi !

Cela amuse les deux jeunes qui se séparent lentement, récupèrent leur chiffon et s'affairent à nettoyer les tables et les chaises.

Après avoir mangé, rangé la terrasse et empilé les chaises, Nathalie leur demande de s'approcher du bar.

— Écoutez, les garçons, moi, je n'ai rien contre tout ça, dit-elle en les pointant du doigt, au contraire, je suis plutôt contente, mais que le travail reste le travail.

— Promis, avance Jules.

— Jules, je te rappelle que demain tu es de coupure. Donc je te vois demain midi. Roméo, je ne te vois pas avant demain soir. Et prévoyez des parapluies, ils annoncent un sacré déluge !

— Merci, Nathalie, bonne soirée.

Les deux garçons s'échappent dans la nuit. Il est près de 2 heures du matin, les rues sont silencieuses. Ils descendent la rue Élie-Fréron en direction de la place. Les lampadaires éclairent d'une faible lueur les colombages des façades.

Dans le noir, les ombres dansent, fantômes troublants,
L'amour premier s'embrase, nuitamment troublant.
Les cœurs s'enchaînent, prisonniers de cette ***noirceur,***
Sous la lune pâle, se consume la ferveur.

Ils peinent à se lâcher la main, ils peinent à détourner leur regard, ils peinent à se quitter des lèvres, à se quitter du cœur.

— Tu veux venir boire un verre chez moi ? demande Roméo.

— Comme dans les films ?

— Tu risques d'être déçu, en vrai je n'ai que de l'eau du robinet.

— L'eau du robinet ? C'est dingue ! C'est ma boisson préférée !

— Ce sont tes cours de théâtre qui ressortent ?

— Et toi, ce sont tes poèmes qui te rendent aussi fleur bleue ?

— Tu veux que je te lise du Prévert ? Tu seras surpris si tu me penses fleur bleue.

Allongé dans le lit, dans les draps neufs bon marché installés rapidement, la lumière de la lune éclairant leurs corps nus par le Velux, Roméo rêve. Et quand Roméo rêve, il rêve d'amour.

Scène 21

Le studio de Roméo. Une petite pièce avec un lit, une kitchenette et un Velux laissant entrer la lumière du matin. Jules et Roméo se réveillent, encore enlacés sous les draps. Jules ouvre les yeux en premier et observe Roméo, un rictus amusé sur les lèvres. Roméo commence à bouger, se réveillant à son tour.

Jules, *murmurant* : Bonjour, beau dormeur.

Roméo, *émergeant lentement* : Hmm... bonjour. (*Il se frotte les yeux et sourit en voyant Jules.*) Tu as bien dormi ?

Jules : Comme un bébé. Et toi ?

Roméo : Pareil. (*Il regarde autour de lui.*) On dirait que mon studio a rapetissé pendant la nuit.

Jules, *riant* : C'est normal, on a pris toute la place. (*Il s'étire et fait semblant de tomber du lit.*) Aïe, on dirait qu'il n'y a même plus de sol !

Roméo, *amusé* : Attention, tu vas finir par te retrouver chez les voisins.

Jules : Tant qu'on est ensemble, ça me va.

Il s'approche de Roméo et lui donne un baiser sur le front.

ROMÉO : Tu crois que les voisins nous ont entendus ?

JULES : Vu comment tu as crié, sûrement.

ROMÉO, *rougissant* : Oh merde, c'est Laurène dont je t'ai parlé qui habite juste en dessous ! Puis tu mens, c'est toi qui faisais tout le bruit.

JULES : Eh bien, il va falloir qu'on apprenne à être discrets alors.

ROMÉO : Oh, ça peut s'arranger. (*Il se redresse un peu et regarde Jules avec un air taquin.*) Mais d'abord, je meurs de faim.

JULES : Qu'est-ce qu'on a pour le petit déjeuner ?

ROMÉO : De l'eau du robinet, ça te dit ? Ta boisson préférée, non ?

JULES, *riant* : C'est vrai. Je vais me régaler !

ROMÉO : Mais je peux peut-être te préparer un thé, j'ai un sachet qui traîne quelque part.

JULES : Wouah ! un sachet de thé ! Tu es un vrai prince. (*Il se lève et regarde autour de lui.*) Où est-ce que tu caches tes trésors ?

ROMÉO : Dans la boîte à chaussures sous le lit. C'est là que je mets tout ce qui est précieux.

JULES : Y compris ton cœur ?

ROMÉO : Mon cœur est juste ici. (*Il prend la main de Jules et la pose sur sa poitrine.*) Il n'a pas besoin de boîte à chaussures.

JULES, *touché* : Tu n'es vraiment pas comme les autres, Roméo.

ROMÉO : Tant mieux. Parce que toi non plus, Jules.

Il se penche pour l'embrasser tendrement.

JULES, *regardant l'heure sur son téléphone* : Oh mince, il est déjà presque 11 heures ! Je commence le travail à midi !

ROMÉO : Sérieux ? On a dormi tout ce temps ?

JULES : Ouais, et j'ai cours de théâtre demain soir. (*Il se lève, un peu pressé.*) C'est la répétition générale avant les représentations au public.

ROMÉO : On peut se revoir cet après-midi ou tu peux revenir ici après le boulot, ce n'est pas loin.

JULES : J'aimerais bien, mais je dois vraiment réviser ce texte pour mes cours.

ROMÉO : Quel texte tu dois apprendre ?

JULES : Je le connais déjà, mais ne le maîtrise pas parfaitement. On joue la pièce de Musset, *On ne badine pas avec l'amour*.

ROMÉO : On peut s'entraîner ensemble, si tu veux. Je peux être ton Perdican ou même ta Camille !

JULES, *riant* : Ça pourrait être marrant. Mais d'abord, douche et petit déjeuner rapide.

ROMÉO : Tu penses à tout, toi.

Ils rient ensemble en cherchant les sachets de thé et se taquinent gentiment en préparant le petit déjeuner, savourant la complicité naissante de ce premier matin partagé. Le thé tiède avalé, Jules embrasse son Roméo et claque la porte du studio.

Chapitre 22

Dimanche 6 avril
H – 12

Roméo, allongé dans le lit encore tiède de leur nuit partagée, laisse son esprit vagabonder. La lumière douce de la matinée filtrant par le Velux dessine des motifs mouvants sur les draps en désordre. Ses doigts effleurent le vide à côté de lui, là où Jules était il y a quelques instants à peine. Il se surprend à sourire, repensant à chaque détail de leur matinée, de leur nuit, de leurs taquineries, de la douceur des baisers volés entre deux éclats de rire. C'est étrange, cette sensation de plénitude, ce sentiment que quelque chose de précieux vient de commencer. Roméo rêve déjà à leur prochaine rencontre, mais il se dit qu'il a encore de quoi faire avant de reprendre le travail ce soir. Il range le studio, tire les draps pour effacer les plis, nettoie les tasses utilisées dans le lavabo. Il hésite à aller présenter ses excuses à Laurène. Il se sent rougir en y repensant. L'idée qu'elle ait pu les entendre le met très mal à l'aise. Il est curieux de savoir si Gaël a avancé dans son rangement. Peut-être qu'il devrait aller l'aider. Il n'a pas pu s'empêcher de constater qu'il ne triait pas son courrier. Il se dit qu'il le laisse traîner parce qu'il n'est pas en mesure de le lire, qu'il a trop honte de demander. Il enfile un t-shirt, passe un pantalon et descend deux étages.

Lorsqu'il tape à la porte, il se demande s'il sera le bienvenu. Ce n'est pas parce qu'il a aidé son voisin à acheter un costume la veille que ce dernier aura forcément envie de partager un moment avec lui aujourd'hui. Gaël ouvre la porte.

— C'est qui ? s'enquiert-il.

— C'est Roméo, le voisin du...

— Oh ! Roméo ! Entre ! Entre ! s'exclame l'homme en lui coupant la parole, très enjoué à l'idée d'échapper un instant à sa corvée de rangement.

— Je venais voir si tu avais besoin d'aide pour ranger.

En même temps qu'il prononce cette phrase, il ne peut s'empêcher de jeter un œil dans le salon. Les bandes dessinées sur ses étagères ont été triées par tailles, les plantes mortes ont été débarrassées, l'odeur de peinture se dissipe légèrement.

— Vous avez... Tu as bien avancé ! se reprend Roméo aussitôt.

— Laurène m'a dit qu'elle viendrait ici en début d'après-midi pour prendre les photos nécessaires au dossier. Je te sers quelque chose à boire ?

— Juste un verre d'eau, s'il te plaît. Je ne comprends vraiment pas en quoi une pièce à vivre plus moderne ferait de toi un meilleur père.

— Moi non plus. L'avocate ne m'a pas demandé de redécorer mon chez-moi, elle m'a demandé d'anticiper les arguments de mon ex-femme et de préparer une défense pour chacun d'eux. Elle me reprochait systématiquement d'être coincé en enfance. « Un enfant ne peut pas élever un enfant », répétait-elle du matin au soir. Elle me reprochait de ne pas m'occuper de l'administratif, des demandes auprès de la CAF, de la mise à jour de la carte vitale, des rappels de vaccins, des rendez-vous chez le pédiatre, de la crèche, de l'école, d'être à l'heure pour le récupérer. Mais ce n'est pas comme ça que j'imagine l'enfance de mon fils. J'aimerais qu'elle soit pleine de joie, pleine de rires, pas farcie d'administratif ! s'agace Gaël en remplissant deux verres d'eau à l'évier de sa cuisine.

— D'où les piles de courrier qui s'amoncellent.

— Ce n'est pas que je ne veux pas, c'est juste que…

— J'imagine que les services administratifs ne prennent pas forcément le temps de t'écrire en braille.

— Figure-toi que certains, si ! Je reçois des cécogrammes toutes les semaines !

— Des quoi ?

— Ce sont les documents avec les petits reliefs. Quand tu passes ton doigt dessus, tu peux lire ce qui est écrit.

— Je ne savais pas que ça s'appelait ainsi, dit Roméo.

— J'ai acheté une plage de braille que je peux relier à mon ordinateur.

— C'est super, je ne savais pas que ça existait.

— Oui, c'est super…

— Tu n'as pas l'air enjoué, constate le jeune homme en portant le verre d'eau quasi débordant à ses lèvres.

— Je ne sais pas lire le braille, confesse Gaël.

— Ah.

— Comme tu dis, ah.

— Et tu ne veux pas apprendre ?

— Si, bien sûr, ce n'est pas la question, souffle-t-il.

— Bah un peu, non ? Si tu veux apprendre, tu apprends. Si tu ne veux pas, tu n'apprends pas.

— Si tout était aussi simple, Roméo… J'apprécie ton insouciance.

— Qu'est-ce qui t'en empêche ? le coupe Roméo.

— À ton âge, on pense que tout est possible et que…

— Nomme-moi les obstacles. C'est quoi qui te bloque ? s'exaspère Roméo, surpris lui-même de son attitude de coach en développement personnel.

— Eh bien, premièrement il y a le temps, commence Gaël, agacé.

— Tu travailles à la boutique d'un musée, trente-cinq heures par semaine. Avec tout le respect que j'ai pour ton poste, je doute que tu sois exténué à la fin de ta journée !

— D'accord ! Tu as raison ! Il n'y a qu'un seul obstacle, c'est moi !

Alors que la voix de Gaël tremble d'énervement, Roméo comprend que ce n'est pas le moment d'ajouter quoi que ce soit. Il boit une gorgée d'eau et repose le verre sur la table basse qui le sépare de son voisin.

— Ce n'est pas d'appeler l'association qui s'occupe de ça le plus dur, c'est d'accepter.

Il semble résigné quand il prononce ces mots.

— D'accepter que ce soit la seule manière pour moi de lire désormais. D'accepter de ne plus avoir une vie normale, de ne pas voir le sourire de Colin. D'accepter que les couleurs vives des bandes dessinées que j'adorais collectionner ne soient plus que des souvenirs. D'accepter que chaque nouvelle tâche quotidienne soit un défi, que chaque déplacement soit une épreuve de plus. D'accepter de dépendre des autres pour des choses aussi simples que lire une lettre ou traverser la rue. D'accepter la frustration de ne pas pouvoir reconnaître le visage des amis, des proches, des collègues, de ne pas pouvoir croiser leur regard. D'accepter que les œuvres d'art au musée où je travaille ne soient plus qu'un amas de formes et de textures sans sens pour moi. D'accepter de devoir renoncer à mes rêves de photographier les moments précieux de la vie de Colin, de capturer son spectacle de fin d'année, son passage au CM1, capturer l'angoisse sur son visage le jour de son entrée au collège. D'accepter la peur constante de l'inconnu, de trébucher, de tomber, de me perdre. D'accepter, enfin, de reconstruire ma vie autour de cette nouvelle réalité, trouver un sens, une joie, une paix malgré tout ce que je perds.

Roméo ne peut s'empêcher de se sentir idiot d'avoir mis le sujet sur la table. Il ne pensait pas que la blessure était encore vive.

— Donc oui, tu as raison. Ce n'est pas le manque de temps qui me paralyse, c'est de faire le deuil de ma vie d'avant.

— J'imagine que tu n'avais pas besoin du conflit avec ton ex-femme au milieu de tout ça, je suis vraiment désolé.

— Ce n'est pas ta faute.

— Je peux t'aider ?

— Tu sais lire le braille ?

— Non, mais tu as peut-être besoin d'aide pour la gestion de ton courrier, pour un petit peu de ménage pour finir la pièce et prendre le tout en photo ?

— Tu vas emprunter l'aspirateur et la serpillière des parties communes ? le taquine Gaël.

— Oh, ça va ! Je vais en entendre parler toute ma vie ?

— Toute ta vie au 13, rue Kéréon, oui.

Alors c'était ça, se dit Roméo. C'était ça de vivre en communauté. Échanger des moments, partager quelques rires, se livrer un peu, s'entraider beaucoup, se dépanner, se croiser, se sourire, se construire. Oui, se construire ensemble.

Chapitre 23

Dimanche 6 avril
H – 11

Laurène comprend que Gaël n'entend pas les coups qu'elle donne, trop légèrement, à la porte. Le souffle aigu de l'aspirateur parvient jusqu'au palier. Elle frappe de nouveau, avec plus de poigne, décidée à partager un moment avec son voisin. C'est le jeune Roméo qui lui ouvre la porte et rougit aussitôt. Il baisse les yeux, tourne la tête, murmure à peine un bonjour.

— Je suis juste venue déposer le dossier que tu m'as demandé de t'imprimer, Gaël.

Il s'approche d'elle, d'un pas relativement calme, et tend sa joue pour qu'elle lui fasse la bise. Le vent s'engouffre dans la rue Kéréon et fait claquer les volets sur la façade.

— Je t'ai mis les fiches de paie, l'avis d'imposition, l'acte de propriété et je t'ai rempli le Cerfa avec les informations que tu m'as données hier.

— Je ne sais pas comment te remercier.

— Tu vas te battre pour Colin, voilà comment. J'ai envie que Rose et lui puissent encore jouer dans la cage d'escalier.

— Comme la fois où ils ont fait de la luge depuis le deuxième étage ?

— En moins dangereux, ce serait mieux.

Laurène entre dans le salon. L'odeur de la peinture encore fraîche lui rappelle ses journées de travail, sa passion pour les projets de rénovation, pour l'aménagement d'intérieur.

— Ça va, Roméo ? Tu n'as pas dit un mot.

— Ça va, murmure-t-il en regardant ses chaussures, fuyant son regard.

— Tu as passé une bonne nuit ? lui demande-t-elle avec un sourire jusqu'aux oreilles.

Elle sait ! Elle a tout entendu ! Il ne sortira plus jamais de chez lui, il veut se cacher sous son lit, fermer le store de son Velux, ne plus voir la lumière du jour.

— Je suis vraiment désolé, je ne voulais pas faire de bruit. Je ne savais pas que l'isolation était si mauvaise !

— J'entends sa dernière fille pleurer toutes les nuits, ajoute Gaël au débat, qui n'en est pas vraiment un.

— Tu n'as pas à rougir, je te taquine.

— Tu plaisantes ? C'est mortifiant ! J'espère qu'on n'a pas fait trop de bruit, je suis désolé, vraiment.

— J'ai raté une étape, dit Gaël, ta copine vit avec toi ?

Laurène esquisse un sourire.

— Non, pas vraiment. Enfin, c'est sûr que j'habite tout seul ! Mais ce n'est pas vraiment ma copine.

— Ah, reprend le voisin du premier, je comprends ! Tu t'amuses !

— En vrai, je ne sais pas quelle est notre relation, c'était ma prem… enfin. Mais ce n'est pas une copine, finit-il par admettre, c'est un copain.

Lorsque les mots sortent de sa bouche, ils sont à la fois libérateurs et douloureux. Il craint de décevoir. Il attend une réaction de leur part. Un signe, quelque chose.

— Mais alors, reprend Gaël sans relever quoi que ce soit de particulier dans l'annonce de son voisin, c'est ton petit copain, ou c'est juste une fois comme ça ?

— Allez, arrête, Gaël, tu te doutes bien qu'on embête Roméo avec toutes nos questions. Je suis désolée, je n'aurais pas dû te taquiner là-dessus.

— C'est moi qui suis désolé, je ne me doutais vraiment pas que tu pourrais tout entendre. Je me sens tellement honteux.

— Tu n'as aucune honte à avoir. J'ai trois filles, je te signale, je sais comment ça se passe entre deux adultes.

— Je suis désolé quand même. Je change de sujet, sinon je vais commencer à creuser un trou dans le parquet de Gaël et me retrouver dans l'atelier d'Élouan. Elles ont quel âge, tes filles ?

— Bientôt quatre ans pour l'aînée, et Jade a à peine deux mois.

— Je te mentirais si je disais que je ne l'ai pas entendue pleurer quand je suis arrivé dans l'immeuble, mais j'imagine que je n'ai rien à dire sur les cris nocturnes maintenant, j'ai perdu mon joker. Et la troisième ?

— Comment ?

— Tu as dit que tu avais trois filles, explique Roméo. Elle a quel âge, la troisième ?

Gaël aimerait être invisible. Il ne peut pas voir les expressions sur le visage de Laurène, mais il imagine que son visage se ferme, que ses cordes vocales se serrent, que ses yeux s'embuent de larmes. Il l'entend prendre sa respiration après quelques secondes de silence.

— Elle a l'âge des anges.

Comprenant son erreur, Roméo sent un nœud se former dans sa gorge. Il voudrait disparaître, mais plus encore, il voudrait trouver les mots justes pour alléger un peu le fardeau de Laurène.

— Je suis vraiment désolé, Laurène. Je ne savais pas...

— Ce n'est pas ta faute, dit Laurène, avec une larme sur sa joue. Tu ne pouvais pas savoir.

Roméo s'approche doucement, son regard plein de compassion. Il hésite un instant, puis tend les bras.

— Je sais que ça ne changera rien... mais est-ce que je peux te faire un câlin ? murmure-t-il, conscient de la délicatesse de la situation.

— Je ne dis jamais non.

Dans les bras de Roméo, Laurène sent enfin ses émotions se libérer. Ce n'est pas la première fois qu'elle pleure, mais c'est la première fois qu'elle laisse échapper un sourire en le faisant. Ce n'est pas parce qu'elle se sent soulagée ou réconfortée par l'idée qu'Emma est un ange. Non, cela va plus loin que ça. En prononçant ces mots, elle reconnaît la réalité de sa perte, tout en sachant que cette réalité est bien plus complexe et douloureuse que de simples mots doux comme « ange » peuvent le dire.

Emma n'est pas simplement un ange, pas une créature céleste veillant sur elle depuis quelque nuage imaginaire.

Laurène sait qu'Emma est sa fille, une petite fille qu'elle a tenue dans ses bras, même si c'était pour un bref instant, même si son corps était froid, qu'elle l'a vue sans pouvoir la voir vraiment vivre. La douleur de cette perte n'est pas édulcorée par l'image réconfortante d'un ange. C'est une douleur brute, cruelle, qui s'enracine dans les réalités trop concrètes. Il y a eu l'obligation d'organiser des obsèques, de dire adieu alors qu'elles n'avaient même pas eu le temps de se rencontrer.

Comment pourrait-elle oublier le poids du minuscule cercueil dans ses mains, ce poids qui était infiniment plus léger que le fardeau qu'elle porte maintenant dans son cœur ?

Les mots ne suffisent pas. Les mots échouent à capturer l'essence de cette douleur, de ce deuil. Emma n'est pas un ange. Emma est son enfant, un bébé qu'elle a perdu, un bébé qu'elle ne pourra jamais voir grandir, jouer, rire. Mais pourtant, un bébé qu'elle porte dans son cœur, qu'elle aime de toutes ses entrailles.

Au-dehors, des nuages noirs se rassemblent sur Quimper. Le vent semble souffler dans tous les sens et les réunir au-dessus de la cathédrale Saint-Corentin. C'est peut-être la réunion des copropriétaires des habitants du ciel. Est-ce qu'Emma y sera ?

Chapitre 24

Dimanche 6 avril
H – 11

De retour dans son studio, Roméo s'installe sur son lit.

Il n'avait jamais pris le temps d'apprécier le fait d'être chez lui. Il savoure l'importance de ces murs autour de lui, de la vue sur la rue Kéréon que lui offre sa fenêtre de toit. Il mesure la chance qu'il a, quand quelques jours plus tôt il dormait encore dans la rue, à gribouiller dans ses carnets des vers assis sur du carton, récupérant quelques centimes de généreux donateurs à la sortie de la boulangerie.

La tempête dehors murmure des souvenirs,
Ce
sont comme
des
gouttes
qui
ruissellent
sur
la vitre

Dans les yeux de son père, lorsqu'il est parti de chez eux, il a pu lire des adieux pleins de haine. Il se demande si, un jour, son père lui pardonnera. Lui pardonnera d'être lui-même.

Après cette première nuit glaciale passée dehors, il s'était dirigé vers le centre communal d'action sociale, espérant trouver un refuge, mais le centre était fermé. En ce début du mois de mars, le mercure ne dépassait pas les dix degrés au soleil. Il s'était donc installé près de la cathédrale, sur la place, non loin d'autres sans-abri. La nuit, les chiens jouaient sur le parvis. Le jour, ils dormaient blottis les uns contre les autres dans une flaque de soleil, pendant que leurs maîtres récupéraient un peu de chaleur à l'intérieur du lieu saint.

La colère du ciel se fait plus GRANDE *encore,*
Rappelant le poids des portes closes d'alors,
Mais, dans ce lieu, la chaleur persiste,
Même quand, dehors, l'orage existe.

Un jour, un homme lui avait donné une veste. Elle était chaude, avec une doublure en laine à l'intérieur, mais s'était rapidement retrouvée imbibée d'eau. Roméo avait marché une nuit entière avec le blouson trempé sur le dos, espérant que la chaleur de son corps la sèche. Au petit matin, les yeux injectés de sang, il avait croisé sa mère devant l'autel, qui venait se racheter une conscience.

Elle avait pleuré dans ses bras. « Ton père est furieux », répétait-elle, se dédouanant de leurs actes. « Je ne voulais pas que tu partes », affirmait-elle dans ses sanglots. C'était facile à dire, avait-il pensé. Oui, beaucoup trop facile à dire. Elle avait ouvert son sac à main et lui avait donné une carte de visite.

— Va voir Catherine à l'agence de l'Hippodrome, elle t'a trouvé quelque chose pour dormir. Ce ne sera pas très grand, mais j'ai déjà donné mes documents pour la caution.

Devait-il la remercier ? Est-ce qu'elle espérait acheter son pardon ? Il avait pris la carte de visite et l'enveloppe de billets qu'elle lui tendait. Il avait hésité, puis y était finalement allé. C'est le prénom qui lui avait inspiré confiance. Catherine. Ça ne pouvait pas être une mauvaise personne. C'était il y a une semaine. Catherine lui avait trouvé un studio et, depuis, il avait la sensation d'avoir commencé sa vie. La sienne. La vraie. Pas la leur.

Un jour, peut-être, il leur pardonnera.

Sur son réchaud, il pose une casserole d'eau et récupère un sachet de pâtes qu'il a acheté. Il lit les instructions. Est-ce qu'il doit saler l'eau ou saler les pâtes après cuisson ? Comment est-ce que l'on apprend ces choses si personne ne nous les enseigne ? Il aimerait pouvoir appeler sa mère et lui demander sa recette de son curry breton de palourdes aux spaghettis. Il prend son téléphone, initialement pour programmer un minuteur de neuf minutes pour sa cuisson *al dente*, mais ses doigts naviguent dans ses contacts et le numéro de sa mère apparaît à l'écran. Il appuie sur l'icône du smartphone et entend la première sonnerie. La deuxième. La troisième.

— Allô ?

Il ne sait plus quoi dire. Il ne se rappelle même pas pourquoi il l'a appelée.

— Roméo, tu sais que j'ai ton numéro d'enregistré dans mon téléphone.

Oui, il le sait, et pourtant il est coincé dans son mutisme.

— Si ton père savait que tu m'appelais, il…

— Mais toi, tu es contente que je t'appelle ? la coupe-t-il.

Quelques secondes de silence marquent une hésitation.

— Oui, bien sûr. Tu vas bien ?

— Ça va.

C'est un « Ça va » qui veut dire oui et non. C'est un « Ça va » qui veut dire : « Ça irait mieux si mes parents ne m'avaient pas mis à la rue, si je n'avais pas dû déménager sous la contrainte, si je n'avais pas été pressé de prendre un travail alimentaire. » C'est un « Ça va » qui signifie aussi : « J'ai rencontré quelqu'un, maman, il est formidable, et puis au travail, ça se passe bien, Nathalie est contente de moi. J'ai même commencé à me lier d'amitié avec mes voisins de l'immeuble. Moi ? Tu imagines ? Le Roméo qui ne parlait à personne au lycée à part Éléa, je me retrouve à sociabiliser. Et je crois même que j'aime ça ! » Oui, c'est un « Ça va » qui veut dire tout cela à la fois.

— Je te laisse, ton père arrive. On se rappelle bientôt ?

— On pourrait se voir aussi ? demande Roméo.

— Oui, enfin pas ce soir, il y a de l'orage de prévu, et tu sais que Caramel a peur de l'orage.

— Je sais, j'ai failli en garder une cicatrice sur mon bras.

— Mercredi soir ? propose-t-elle.

— Je travaille.

— Où ça ?

— Place au Beurre.

— Eh bien, je pourrais venir dîner dans ta crêperie, je te verrais un petit peu, au moins.

— Je préférerais qu'on soit dans un lieu différent. Je n'ai pas trop envie qu'on s'engueule devant ma patronne.

— Pourquoi tu voudrais qu'on s'engueule ?

— Tu viendras seule ?

Il connaît déjà la réponse. Il l'anticipe autant qu'il la regrette.

— Oui, ton père n'est pas prêt. Chaque chose en son temps, tu sais ?

Non, il ne savait pas. Comment pouvait-il savoir ? Son père n'était pas prêt ? Parce que la vie l'avait préparé, lui, à ces événements ? Est-ce qu'elle lui avait laissé le choix ? Non. Personne n'est jamais prêt. Simplement, un jour, l'eau bout.

— Oui, je sais.

Il raccroche, les yeux rougis par les larmes. L'eau bout si fort qu'une mousse s'est formée à la surface et déborde sur le réchaud.

Il s'installe sur son lit pour manger ses pâtes à l'eau dans un bol, et s'endort pour une courte sieste, jusqu'à ce qu'on frappe à la porte.

Scène 25

Le studio de Roméo, en fin d'après-midi, à presque 16 heures. La pluie frappe de plus en plus fort contre le Velux. La lumière est tamisée, reflétant une ambiance intime dans ce petit espace. Roméo se lève de son lit et se dirige vers la porte.

Roméo : Hé, te voilà enfin ! (*Il attrape la main de Jules pour l'attirer à l'intérieur.*) Tu m'as manqué.

Jules, *entrant, enlevant sa veste mouillée avec un sourire fatigué* : Désolé pour le retard, c'était la folie au resto aujourd'hui. (*Il secoue légèrement sa tête, éparpillant quelques gouttes d'eau de ses cheveux.*) Et avec cette pluie, c'était encore plus galère pour rentrer.

Roméo, *taquin* : Ça te va bien, l'effet « pluie battante ». Ça te donne un air sexy.

Il rit subtilement en refermant la porte derrière Jules.

Jules : Tu as une référence ?

Roméo : Référence de quoi ?

Jules : D'un homme qui a l'air sexy sous la pluie.

Roméo : Figure-toi que j'en ai même plusieurs ! Ryan Gosling dans *The Notebook*, Chris Hemsworth dans *Thor*, Jason Momoa dans *Aquaman*, et j'irai même jusqu'à dire Leonardo DiCaprio dans *Titanic*.

Jules : Il y a une scène sous la pluie dans *Titanic* ?

Roméo : Non, mais je trouvais dommage de ne pas le mettre dans la liste.

Il aide Jules à retirer sa veste, puis l'accroche sur une patère. Jules se tourne vers Roméo et le serre dans ses bras.

Roméo : Tu sens l'humidité, mais ça me va. Comment tu te sens, toi ? On dirait que tu as passé une sacrée journée.

Jules, *soupirant, tout en s'asseyant sur le lit* : Oui, c'était intense. Mais maintenant que je suis ici, ça va mieux. (*Il tire Roméo à ses côtés.*) Et toi, quoi de neuf ? Qu'est-ce que tu as fait aujourd'hui ?

Roméo : J'ai appelé ma mère.

Jules : Et ça s'est passé comment ?

Roméo, *hésitant, jouant avec ses mains* : Pas aussi mal que je le craignais. Elle m'a écouté, c'est déjà ça. On va dîner au restaurant mercredi soir...

Jules : C'est un grand pas, tu sais. Ce n'est jamais facile, ce genre de conversation. (*Pause.*) Tu as fait ce que beaucoup n'osent jamais faire.

Roméo : Je me demande si c'était vraiment la bonne chose. Et si j'avais tout foutu en l'air pour rien ?

Jules, *secouant la tête* : Non, jamais. Tu n'as rien foutu en l'air, Roméo. Je sais que ça paraît dur maintenant, mais tu as fait ce qu'il fallait. Vivre dans le mensonge, ça te bouffe de l'intérieur, petit à petit.

Roméo hoche la tête, mais reste silencieux. Jules passe un bras autour de lui et le rapproche un peu plus.

ROMÉO : Et toi, quand tu as fait ton coming-out, c'était comment ?

JULES : Ça n'a pas été facile, tu t'en doutes. Mon père... Comment te dire ? Bof bof. Il l'a très mal pris. On ne s'est pas parlé pendant des mois. Puis, un jour, il a frappé à la porte de ma chambre, il m'a tendu un DVD de *Le Secret de Brokeback Mountain*. Il m'a dit : « Je ne comprends vraiment pas ce que tu y trouves ». Il l'a posé sur mon bureau et est reparti sans dire un mot de plus. C'était une première étape. J'ai compris qu'au moins, il essayait. Qu'il avait besoin de temps, bien sûr, mais qu'il essayait. J'ai regardé le film le soir même et j'ai pleuré. Je ne l'avais jamais vu. J'ai pleuré parce que j'ai compris. J'ai compris qu'il avait peur pour moi.

ROMÉO : Je n'ai pas vu ce film.

JULES : Alors, il faut que l'on répare cette erreur ensemble ! C'est autre chose que ton Jack Dawson et ta Rose dont on ne peut pas prononcer le nom.

ROMÉO : DeWitt Bukater.

JULES : C'est ce que je viens de dire.

ROMÉO : Et toi, ils s'appellent comment ?

JULES : Jack Twist et Ennis del Mar.

ROMÉO : Ce n'est pas mieux !

JULES : Ça a eu le mérite de briser la glace avec mon père. Quelques jours plus tard, il m'a demandé d'écouter une chanson. *Le Privilège*, de Michel Sardou.

ROMÉO : On est en 2025 ou en 1990 ?

JULES : Moque-toi ! Je vais te faire écouter.

Jules déverrouille son téléphone et lance la lecture de la chanson de Michel Sardou depuis son application de musique.

« Ce n'est pas comme avouer un mensonge, d'ailleurs, je n'ai pas honte de moi ; c'est crever l'abcès qui me ronge, et finir en paix avec moi... »

Roméo : Wahou...

Jules : Comme tu dis. Ça a été compliqué, mais on y est arrivé. Et ma mère, elle... elle a été formidable. Elle m'a soutenu dès le début, même si ça a mis du temps pour qu'on retrouve une vraie complicité.

Roméo : Et maintenant, ça va mieux avec eux ?

Jules, *hochant la tête* : Oui, beaucoup mieux. En fait, on fait même partie d'un groupe de fest-noz ensemble. (*Il sourit en coin.*) On a dansé au pardon de saint Corentin en juillet dernier. Si tu m'avais vu en habits bretons, tu te serais bien marré !

Roméo, *éclatant de rire* : Toi en costume breton, ça doit être quelque chose ! Gilet brodé et chapeau à rubans ?

Jules, *entrant dans son jeu* : Exactement. Avec les sabots, bien sûr ! J'ai hésité à porter la coiffe bigoudène, mais je me suis promis de rester traditionnel.

Roméo : La prochaine fois, tu m'emmènes !

Jules, *riant doucement* : Promis, mais je veux te voir en tenue aussi. *Deal ?*

Roméo : *Deal.*

Ils rient ensemble, et le silence retombe, rompu seulement par le bruit de la pluie contre le Velux. Jules prend une grande inspiration avant de parler à nouveau.

Jules : Tu sais, Roméo... être gay, ce n'est pas comme faire partie d'une communauté religieuse ou culturelle. On n'est pas entourés de gens comme nous dès le début. C'est, je crois, la seule communauté qui se crée d'individus seuls, plutôt que de groupements familiaux ou amicaux. Ce n'est pas quelque chose dont on hérite, ou qu'on apprend en grandissant. Quand tu es catholique, par exemple, tu es baptisé tout petit, tu grandis en allant à l'église avec ta famille, vous célébrez les fêtes religieuses ensemble. Ça devient une partie de toi, de ta vie quotidienne, presque sans que tu t'en rendes compte. Ou quand tu es d'une famille de musiciens, tu es bercé par la musique dès la naissance, tu apprends à jouer d'un instrument avec tes parents, c'est naturel, c'est fluide.

Il fait une pause, cherchant ses mots, puis poursuit.

Jules : Mais quand tu es gay, il n'y a personne pour te montrer le chemin dès le début. Tu ne vois pas tes parents ou tes proches vivre cette orientation, tu n'as pas de rituel, pas de moment où tout s'éclaire soudainement. Tu es seul avec ce sentiment, cette différence, et tu dois naviguer dans un monde qui ne te ressemble pas, sans carte, sans repères. C'est comme si tu devais réinventer ta propre culture, ton propre héritage, en dehors de tout ce que tu connais. Tu dois chercher ta place, parfois à des milliers de kilomètres de celle où tu es né. Et ça, c'est ce qui rend les choses si difficiles… et si précieuses quand tu finis par te trouver.

Roméo : Oui… On est seul, différent, au milieu de ceux avec qui on grandit.

Jules, *hochant la tête* : Exactement. On doit se découvrir, se comprendre tout seul, et souvent, on se retrouve à chercher des réponses sans même savoir où regarder. On doit trouver sa communauté, sa famille…

parfois très loin de celle dans laquelle on est né. Et encore, il y a beaucoup de repères cinématographiques ou visuels désormais. Mais tu sais quoi ? Tu as déjà fait le plus dur. Tu as été honnête avec toi-même, avec ta famille. Maintenant, tu peux commencer à vraiment réfléchir à qui tu es, sans avoir à te cacher. Quand on a passé des années à cacher une partie de soi, c'est difficile de tout démêler après.

Roméo, *les yeux humides* : Merci... Ça fait du bien d'entendre ça.

Jules : Et puis, tu n'as pas à faire ce chemin tout seul. Je suis là.

Il embrasse tendrement Roméo sur le front. Roméo sourit, un sourire timide, mais sincère. Jules sort de son sac à dos un exemplaire de la pièce de théâtre de Musset.

Jules, *tendant le livre à Roméo* : Tu fais Camille, je suis Perdican.

Roméo : Je ne te promets pas d'être le meilleur comédien.

Jules : On commence page 66. *Es-tu sûre que si son mari ou son amant revenait lui tendre la main à travers la grille du parloir, elle ne lui tendrait pas la sienne*[1] *?*

Roméo, *hésitant* : Euh... *J'ai eu tort de parler...* Ah non, pardon, j'ai trouvé la réplique. *Qu'est-ce que vous dites ? J'ai mal entendu.*

Jules : *Es-tu sûre que si son mari ou son amant revenait lui dire de souffrir encore, elle répondrait non ?*

Roméo : *Je le crois.*

---

1. Alfred de Musset, *On ne badine pas avec l'amour*, acte II, scène 5.

Les deux hommes répètent le texte. Ils échangent prose et baisers, jusqu'à 18 heures. Ils prennent une douche et s'habillent de leurs pantalons de costume et chemises afin de se préparer au service du soir.

JULES : Tu verras, les soirs de pluie, c'est plutôt calme. La terrasse est déserte, et l'intérieur se remplit vite.

ROMÉO : C'est mauvais pour les pourboires, ça !

JULES : Je pourrai dormir chez toi après le service ? Si je dois marcher jusqu'à Locmaria sous la flotte, tu risques encore de te plaindre que je sens le chien mouillé.

ROMÉO : Tu n'as pas besoin de demander, ce sera avec plaisir. Puisque la crêperie est fermée demain, on pourrait profiter de ce lundi ensemble.

JULES : J'ai cours de théâtre le soir, mais tu peux m'accompagner si tu souhaites, les spectateurs sont autorisés.

ROMÉO, *taquin* : Je préférerais assister à une de tes répétitions de fest-noz plutôt, mais le théâtre sera une bonne première étape.

Les deux garçons échangent un dernier baiser avant de quitter le studio du dernier étage. En descendant, dans la cage d'escalier, ils croisent Laurène qui sort les poubelles.

Chapitre 26

Dimanche 6 avril
H – 5

En descendant les escaliers, Laurène perçoit un murmure venant de Roméo et Jules, suivi d'un rire étouffé. Elle devine sans mal que le jeune homme se confie timidement à son compagnon…

— Elle a tout entendu ! Je te jure, je ne savais plus où me mettre !

Il essaie d'être discret, mais elle ne peut s'empêcher de tendre l'oreille.

— Bonjour, Roméo.

— Bonjour, Laurène, je te présente Jules.

Elle a envie de le taquiner de nouveau, mais sait que cela peut être embarrassant pour un jeune. Elle aurait envie de dire : « Ravie de mettre un visage sur une voix », mais se contente de lui dire bonjour avec un sourire enchanteur.

— On file travailler, lance son voisin en dévalant les marches des escaliers deux par deux.

Laurène leur souhaite un bon service, jette son sac-poubelle dans la benne devant la porte d'entrée. En à peine quelques secondes à l'extérieur, le temps d'ouvrir le couvercle de la poubelle jaune, de jeter le sac, et de rentrer dans l'immeuble, elle se retrouve trempée par le déluge grondant. Elle observe, depuis le pas de la porte cochère, les deux garçons, sous leur parapluie commun, braver les éléments pour aller travailler. La nuit tombe, l'orage s'intensifie. Elle remonte dans son appartement.

— Il pleut des cordes dehors ! s'insurge-t-elle en franchissant le seuil de son entrée.

— Des cordes ? Tu dis n'importe quoi, maman !

Elle attrape sa fille et la porte dans ses bras, pour lui souffler un bisou dans le cou.

— Papa s'occupe de Jade. On peut regarder un dessin animé, s'il te plaît ?

Les formules magiques sont encore aléatoirement respectées chez sa fille. Lorsqu'il s'agit de demander un temps de télévision ou un moment de jeu, étrangement, elle n'oublie jamais la formule. Pour tout le reste, Laurène s'épuise de « Comment on dit ? », « Comment on demande ? », « Merci qui ? », « C'est quoi la formule magique ? », mais se persuade que cela finira par être acquis.

— Oui, mais simplement parce que c'est dimanche et que demain il n'y a pas école.

— C'est les vacances ! s'exclame l'enfant, rieuse, coiffée de deux couettes.

— Tu sais ce que tu veux regarder ?

— *La Reine des neiges* ! Mon dessin animé préféré !

Rose s'installe sur le canapé du salon et Laurène fait chauffer du lait dans la cuisine. Elle met la tasse au micro-ondes.

— Maman ?

— Oui, ma chérie ?

— Je peux avoir la robe d'Elsa pour mon anniversaire ?

— On verra quand ce sera ton anniversaire, dit Laurène en récupérant la télécommande.

— À l'école, la maîtresse, elle a mis un point sur le calendrier et elle a dit que c'était mercredi.

Le sang de Laurène se glace instantanément. Comment a-t-elle pu oublier l'anniversaire de sa fille ? Une vague de panique et de culpabilité l'envahit, serrant son cœur comme un étau. Elle a été si préoccupée par la naissance de ses jumelles, par les événements récents, par ses pleurs, ses questions, ses doutes, qu'elle en a oublié l'anniversaire de son aînée. Sa grande fêtera ses quatre ans dans trois jours, et elle n'y a absolument pas pensé. Ni fête, ni gâteau, ni invitations, ni cadeaux. Rien.

— Antoine ! crie Laurène.

— Qu'est-ce qu'il y a, maman ? demande Rose.

— Je reviens tout de suite, regarde le début sans moi, je le connais par cœur.

La jeune femme se précipite dans le couloir qui conduit aux chambres pour retrouver son mari, leur dernière dans les bras.

— Elle vient tout juste de se réveiller.

— Mercredi, c'est l'anniversaire de Rose.

— Ce mercredi ? insiste Antoine.

— Oui, ce mercredi ! s'agace-t-elle. On a totalement oublié !

— On sera déjà le 9 avril ?

— Si je te le dis ! Il faut qu'on fasse quelque chose. Demain, je la déposerai chez ma mère et j'irai acheter ses cadeaux.

— Pourquoi tu ne commandes pas sur Ama... ?

— Et tuer le quartier ? Tu sais très bien ce que je pense de ces Américains, se révolte-t-elle.

— Tu sais ce qu'elle veut ?

— Oui, la robe de la reine des neiges. Il faudrait qu'on fasse une fête d'anniversaire !

— Un peu tard pour envoyer des invitations. Pourquoi ne ferait-on pas un restaurant en famille ?

— Excellente idée ! s'exclame Laurène. On n'a qu'à aller place au Beurre, elle adore les galettes.

— Eh bien voilà, une catastrophe d'évitée. Je vais donner un biberon à Jade.

— Et moi, je vais regarder pour la cent soixante-huitième fois *La Reine des neiges*.

La mère récupère la tasse dans le four micro-ondes et s'installe sur le canapé à côté de sa fille. Rose chante qu'elle voudrait un bonhomme de neige. Elle connaît les paroles sur le bout des doigts, les récite comme un poème. Antoine s'installe à côté de sa femme pour nourrir leur petite. Rose semble heureuse de partager un moment avec ses parents.

— J'aime bien quand on est tous sur le canapé pour regarder mon dessin animé préféré, dit-elle, portant sa tasse de chocolat chaud aux lèvres.

Elle se blottit contre sa mère, et pose ses pieds sur les jambes de son père. Elle caresse délicatement les joues de sa petite sœur qui tète goulûment le lait.

— Tu es contente d'être une grande sœur ? demande Antoine à son aînée.

— Oui.

— Tu l'aimes beaucoup, ta petite sœur Jade ?

— Oui, je l'aime beaucoup. Et Emma aussi. Je les aime aussi fort toutes les deux.

Le cœur de Laurène se brise. Une larme silencieuse coule sur la joue de son mari.

On me dit : « Sois forte, le temps arrange tout »,
Mais j'ai besoin de nous pour oublier que nous n'avons plus personne[1]

Ce soir, les paroles résonnent différemment. « J'ai besoin de nous pour oublier ». Peut-être que Laurène avait oublié qu'elle n'était pas seule. Pas seule dans cette épreuve, pas la seule impactée par ce deuil, pas la seule à devoir se reconstruire. Le déluge frappe aux fenêtres, Laurène ne peut s'empêcher de penser que c'est sa fille au ciel qui pleure. Ses larmes tambourinent aux carreaux, Emma cherche à se joindre à eux. Elle aimerait être en famille. Elle aimerait être avec ses sœurs et ses parents. Les trois sœurs, comme sur les lettres en bois de la porte de leur chambre. Laurène se dit que c'est bête, de voir des signes partout. L'autre jour, un papillon s'est posé devant elle, alors qu'elle déposait Rose à l'école. Ses ailes étaient teintées de couleurs orangées, avec de petites taches noires. Elle l'a observé un instant,

1. Coralie Thuilier, Issia Lorrain, Emmylou Homs, « Je voudrais un bonhomme de neige ».

puis il s'est envolé et, en quelques battements d'ailes, est venu se poser sur le bonnet de Jade, qu'elle tenait dans ses bras. Elle se raccroche à l'extraordinaire dans son ordinaire.

Une heure plus tard, Laurène éteint la télévision. Elle jette un dernier coup d'œil à Rose, qui s'est endormie, un sourire serein sur les lèvres malgré l'orage qui gronde toujours dehors. Jade dort aussi paisiblement, blottie contre son père sur le canapé.

— Tu penses à elle ? murmure Antoine.

Laurène acquiesce, les yeux fixés sur l'orage.

— Je n'arrête pas de me demander ce que notre vie serait si elle était là, avec nous.

— Elle est avec nous, d'une certaine manière. Je le crois vraiment. Elle veille sur nous.

— Mais ce n'est pas pareil.

— Tu sais, répond son mari, ça fait un moment que je réfléchis à une idée. On pourrait organiser une petite cérémonie pour elle, pour Emma. Quelque chose de simple, mais de significatif.

Laurène tourne la tête vers lui, surprise.

— Une cérémonie ?

— Pas une grande cérémonie, juste nous, avec les filles. On pourrait écrire quelque chose pour elle, jeter des fleurs à la mer. On pourrait faire ça sur la plage de Kermabec. Ça nous ferait peut-être du bien à tous les deux, de lui dire au revoir d'une manière symbolique.

Laurène réfléchit, les larmes aux yeux.

— Oui… je pense que ce serait bien. Pour Rose aussi. Peut-être que ce serait le moment de vraiment lui dire au revoir.

Antoine hoche la tête en silence. Ce ne sera jamais un adieu définitif pour eux, mais ce serait une étape importante dans leur processus de deuil.

— On pourrait faire ça quand ?

— Mercredi matin, je peux poser ma matinée, ou ma journée si tu préfères.

— Ce serait parfait !

— Et le soir, on ira à la crêperie.

— Merci, chéri.

— Ne me remercie pas, j'en ai autant besoin que toi, c'est juste que je ne le dis pas.

Laurène embrasse son mari.

— Je vais appeler la crêperie pour réserver.

Chapitre 27

Dimanche 6 avril
H – 3

C'est le déluge en terrasse. Il n'a, de mémoire de jeune homme de dix-huit ans, pas plu autant depuis 2023, ou peut-être depuis ce 7 février 2014. Il s'en souvient comme si c'était hier. Il avait sept ans. Le Steïr avait inondé les rues autour de son lit, déversant ses eaux dans la librairie de son père. Ils avaient passé la nuit à aspirer, à balayer, à nettoyer, à râler après les éléments naturels. Roméo, les paupières mi-closes, raclait la boue qui s'amassait dans les cartons de livres sur le sol. C'est d'entre les textes abîmés qu'il avait sauvé un ouvrage de Jacques Prévert. Le nom de l'auteur lui était familier. Ce même nom figurait sur le vinyle d'Yves Montand que son père faisait jouer sans cesse.

Les feuilles mortes se ramassent à la pelle,
Les souvenirs et les regrets aussi[1].

1. « Les Feuilles mortes », paroles de Jacques Prévert, musique de Joseph Kosma.

Il l'avait mis dans la poche de sa doudoune, attiré par la couverture, et l'avait caché.

Le lendemain soir, alors que son père était retourné à la boutique en prévision d'une nouvelle nuit d'inondation, il avait sorti le texte et avait commencé à en lire les premières pages à la lueur de sa lampe de chevet, pendant que sa mère s'amusait avec Caramel, son chaton sauvé d'une mort certaine, alors qu'il était dans un carton « À adopter » sur le bord de la rivière, abandonné par des maîtres peu scrupuleux. Roméo avait appris à lire au gré des vers de Prévert, la porte de sa chambre fermée, le son de la télévision et des programmes policiers que regardait sa mère lui parvenant, accompagné des miaulements du chat. Il aurait aimé discuter avec son père de ses lectures, mais il semblait toujours avoir le nez dans la comptabilité, les contrats avec les distributeurs, les programmes des diffuseurs, les rencontres à organiser, les inventaires annuels à préparer. S'ils avaient une passion commune, ils n'avaient jamais trouvé le temps d'en parler. Sa librairie a fermé il y a trois ans et, en prenant sa retraite, il a perdu le goût de ce qui l'animait. Il n'était plus qu'une ombre.

Roméo observe autour de lui, les flaques s'agrandissent sur les pavés et les rues se vident de toute âme alors que la nuit tombe. Le téléphone de la crêperie sonne. Il répond.

— Oui, Laurène, tu m'as reconnu, c'est bien moi.

— Je voudrais réserver une table pour mercredi soir, on sera quatre. Enfin, trois à table, et une dans nos bras[1].

1. Et une de plus dans nos cœurs.

— J'ai bien compris.

— Tu pourras mettre des bougies sur la crêpe au froment de Rose ? C'est son anniversaire.

— Je ne serai pas de service ce soir-là, il se trouve que je viens moi-même dîner au restaurant avec ma mère, mais je le note dans le carnet des réservations pour que Jules en prenne connaissance.

— Merci beaucoup.

Il raccroche le téléphone et prépare les bolées de cidre que Jules vient de commander pour une table de deux qui a bravé les intempéries pour respecter sa réservation. Le dimanche soir, Nathalie ne travaille pas au service. Vers 20 heures, elle appelle pour compter le nombre de clients présents et recontacte le serveur responsable de la fermeture juste avant la fin pour s'assurer que tout s'est bien déroulé. C'est sa soirée, elle profite d'être chez elle pour trier les factures des fournisseurs, vérifier les relevés bancaires, passer les commandes pour les services à venir, transmettre les variables de paie au comptable externe. Jules a confié à Roméo qu'elle n'avait pas de mari, pas de femme, pas d'enfants. « Sa vie, c'est sa crêperie », avait-il conclu.

Puisque le restaurant est calme, Roméo nettoie les couverts au vinaigre blanc et les verres à la vapeur d'eau, selon les consignes de Jules.

— J'ai appelé quelques agences immobilières hier. Je pense que je vais galérer à trouver un nouvel appart, lui dit Jules alors qu'il vient récupérer une commande de tisanes au comptoir.

— Avec tes fiches de paie, ça ne suffit pas ?

— Ils demandent des garants ou alors six mois de loyer d'avance.

— Je croyais que tu t'entendais bien avec tes parents, ils ne veulent pas le faire pour toi ?

— Ils veulent bien, ce n'est pas une question de volonté, c'est surtout une question de capacité. Ma mère est au chômage depuis un an et mon père vient tout juste de commencer un nouveau travail de bûcheron pour la gestion durable d'une forêt, mais il est encore en période d'essai.

Il récupère les tasses d'eau fumantes sur son plateau et les apporte à ses clients avec l'addition.

— Tu peux appeler Nathalie et lui demander si on ne ferme pas plus tôt étant donné la météo ? propose Jules, en pointant de son menton les baies vitrées.

Sur la place au Beurre, les chaises et les tables de toutes les crêperies sont empilées, les parasols se sont gorgés d'eau, les pavés luisent à la lumière des lampadaires et des rivières de pluie se forment jusqu'aux bouches d'égout qui peinent à avaler tout ce que les nuages leur donnent.

Roméo appelle sa responsable qui les autorise à fermer le restaurant sitôt les clients partis. Elle est en train de regarder les informations en continu et l'Odet vient de déborder. Le coefficient de marée était connu, lui explique-t-elle, mais les autorités ont tardé à déclencher les alertes nécessaires sur la région. Elles viennent de fermer les quais à la circulation et l'eau remonte jusqu'à la rue Amiral-Ronarc'h.

— Rentrez chez vous avant que ce ne soit trop compliqué, prononce-t-elle avant de raccrocher.

Jules encaisse les clients et leur explique que la crêperie va fermer plus tôt que prévu. Compréhensifs, ils paient en carte bleue et s'échappent sous un rideau de pluie. Les cuisiniers – qui ont passé la soirée à éplucher, à découper, à cisailler les préparations pour la semaine à venir et à nettoyer les surfaces en inox – prennent la fuite également. Les deux serveurs nettoient les quelques miettes tombées au sol avec le balai, passent un coup d'éponge sur le comptoir, descendent la grille de fer, verrouillent la porte et entament leur course contre la pluie, les gouttes leur fouettant le visage malgré le parapluie. Le niveau monte à vue d'œil, l'eau s'infiltre dans leurs baskets et trempe leurs chaussettes en coton. Des éclairs jaillissent dans le ciel, éclairant les façades à colombages de brefs instants. La cathédrale Saint-Corentin semble être l'idole des paparazzi célestes, photographiée sous tous les angles. Le grondement résonne et le vent fait claquer les volets. Soudain, après un vrombissement à faire trembler la terre, les ampoules des réverbères s'éteignent, et les quelques appartements dont on voyait l'intérieur par le reflet d'images de télévisions ou de lampes allumées sombrent dans le noir. La ville entière doit se satisfaire des nombreux éclairs pour seule source de lumière.

Arrivant au pied de son immeuble, Roméo pousse la porte cochère, dont la serrure magnétique a cessé de fonctionner avec la coupure d'électricité.

— Bonne chose à savoir, s'amuse Jules, je pourrai m'infiltrer dans ton immeuble sans badge les soirs d'orage.

— C'est une courte fenêtre de tir, répond Roméo, entrant dans son jeu.

Les deux jeunes montent les marches, alors que de l'eau commence à s'infiltrer dans la cage d'escalier.

— Tu ne crois pas qu'on devrait mettre des serpillières ou des serviettes derrière la porte, pour bloquer l'eau ? propose Jules.

— Je n'ai même pas une serviette à te proposer quand tu prends ta douche chez moi, et tu crois que j'ai du linge et des serpillières pour bloquer les inondations ?

Au premier étage, ils utilisent leurs mains sur les murs pour se repérer. Ils s'accrochent à la rampe et montent jusqu'au palier du deuxième.

— Je vais demander de l'aide à Laurène.

Roméo frappe à la porte avec une hésitation presque palpable.

— Laurène, c'est Roméo, murmure-t-il, craignant à la fois de déranger et de ne pas être entendu.

Chapitre 28

Dimanche 6 avril
H – 1

Laurène sursaute, le cœur tambourinant dans sa poitrine, alors que la tempête redouble de violence dehors. Elle attrape une bougie qu'elle a allumée plus tôt dans le salon et se dirige vers l'entrée. En ouvrant la porte, elle découvre Roméo et Jules, trempés et essoufflés, leurs vêtements collés à la peau, leurs visages marqués par l'angoisse.

— Laurène, l'eau s'infiltre par le rez-de-chaussée, ça monte vite ! annonce Roméo, le souffle court, la panique perçant dans sa voix.

— Entrez vite, ne restez pas là !

Elle referme rapidement la porte derrière eux, sentant l'urgence monter en elle.

Antoine arrive à leur rencontre, tenant Jade dans ses bras, tandis que Rose, apeurée, s'accroche à sa jambe.

— Qu'est-ce qui se passe ? demande-t-il, le visage grave.

— L'eau commence à envahir le rez-de-chaussée, il faut qu'on calfeutre l'entrée de l'immeuble avant que ça ne devienne incontrôlable, explique Laurène.

Antoine pose rapidement Jade dans son berceau et demande à Rose de retourner se coucher.

— Promis, il ne t'arrivera rien, lui murmure-t-il.

Il attrape des serviettes et des torchons, puis se tourne vers les garçons.

— On descend tout de suite. Laurène, reste avec les filles.

— Non, je vais avec eux, rétorque-t-elle, le regard déterminé. Je vais les aider, occupe-toi des filles.

En un instant, ils sont tous les trois dans les escaliers. Jules utilise son téléphone comme lampe torche, les interrupteurs ne répondent plus. Le rez-de-chaussée est déjà inondé, l'eau atteignant leurs chevilles. Laurène retrousse son pantalon et retire ses chaussures, le jeune couple l'imite. Sans perdre une seconde, ils commencent à calfeutrer la porte d'entrée avec tout ce que Laurène a récupéré : serviettes, couvertures, tapis... Chaque interstice est bouché, chaque passage bloqué pour empêcher l'eau de s'engouffrer davantage. Elle sait qu'elle ne sera pas la première impactée, et que l'eau ne s'infiltrera certainement jamais dans son appartement du deuxième, mais elle pense au commerce d'Élouan, à Gaël au premier étage, puis aux parties communes. Cet immeuble, elle le chérit depuis qu'elle l'habite, elle ne voudrait pas que des trombes d'eau et de boue se déversent sur les tomettes de l'entrée ou abîment les premières marches de l'escalier en colimaçon.

Après avoir terminé, ils reculent pour observer le résultat de leur travail. L'eau continue de monter, mais au moins, ils ont gagné un peu de temps.

— On doit vérifier si Gaël va bien, dit-elle soudainement, brisant le silence.

Roméo et Jules la suivent, gravissant les marches jusqu'au premier étage. Laurène sent son instinct de mère, de lionne, s'intensifier. Ses filles sont en sécurité pour le moment, mais chaque fibre de son être est en alerte. Elle ne se pardonnerait jamais si quelque chose arrivait à ses voisins, à ses amis.

Arrivée devant la porte de Gaël avec ses jeunes voisins, Laurène frappe.

— Gaël, c'est Laurène ! Tu es là ?

Le silence qui suit est oppressant. Elle frappe de nouveau, plus fort cette fois. Roméo et Jules échangent un regard inquiet, partageant la même crainte.

Chapitre 29

Dimanche 6 avril
H – 1

Un claquement sec, suivi d'un autre. Rien. Gaël appuie une troisième fois sur l'interrupteur, mais la lumière refuse de revenir. Une coupure de courant. L'obscurité totale avale l'appartement, une nuit si épaisse qu'elle semble aspirer tout ce qui restait de ses repères visuels habituels. Le noir complet, sans la moindre lueur, sans les ombres et les contours qui l'aident à se repérer.

La nuit noire l'enveloppe, une profonde inquiétude le gagne. Il pense à Colin, à sa bataille pour lui, et le désespoir l'envahit. Comment être un bon parent s'il ne peut assurer sa propre sécurité ? Chaque pas dans l'obscurité l'éloigne un peu plus de son fils. Pourtant, il connaît bien ces murs, ces meubles qu'il évite sans y penser, ce pied de lit qu'il a heurté plusieurs fois avant de s'y habituer. Comment un environnement si familier peut-il se révéler hostile ? Il imagine Colin, grandissant sans lui, entouré par la vie normale et stable que son ex-femme peut lui offrir. Un sentiment d'inutilité se glisse en lui, menaçant de le submerger. *Peut-être que Colin serait mieux sans moi*, pense-t-il pour la première fois – une idée qui le déchire intérieurement. Peut-être que la meilleure chose qu'il puisse faire pour son fils est de ne pas s'imposer à lui avec ses propres faiblesses.

Gaël se laisse tomber lourdement sur son lit, son esprit en proie à une tempête de doutes. Les larmes qu'il retient depuis si longtemps commencent à couler, silencieuses. Il prend son téléphone. Les gros caractères se dessinent dans la luminosité de l'écran. Il appuie sur son application de messagerie et prépare un message à son ex-femme.

« J'espère que vous allez bien et que Colin n'a pas peur de l'orage. »

Ses doigts tremblent en tapant ces quelques mots. Puis, alors que les volets de son appartement claquent sur la façade et que l'orage frappe à ses carreaux, il se surprend à écrire :

« J'espère que tu es heureuse. »

Puis il efface cette phrase, comme s'il la regrettait, comme si la peur avait écrit à sa place.

La panique monte, mais il la refoule. Il s'est déjà retrouvé dans le noir. Il sait y faire, mais ce noir-là, épais et inébranlable, est différent. Ses doigts tâtent le mur, cherchant un point de repère. On frappe à la porte. Un bruit sec et urgent qui le fait sursauter. Il se lève. Ses mains glissent sur les murs, ses pieds trouvent le chemin. En quelques secondes, il est devant la porte, qu'il ouvre précipitamment.

— Gaël ! Ça va ?

C'est la voix de Laurène, accompagnée de murmures anxieux qu'il devine être ceux de Roméo et de l'autre serveur de la crêperie. Certainement son copain.

— Oui, ça va... enfin, aussi bien que possible dans le noir complet.

Il essaie de sourire, mais la tension dans sa voix est palpable. Il les invite à entrer rapidement, refermant la porte derrière eux. Le contraste entre l'air froid et humide de l'extérieur et la chaleur de l'intérieur est saisissant.

— L'eau s'infiltre par le rez-de-chaussée, on est venus s'assurer que tout va bien pour toi, explique Laurène.

— Merci, c'est gentil. J'ai eu Élouan au téléphone juste avant la coupure. Il s'inquiète pour ses machines, il va venir les vérifier.

Il tente de parler d'un ton léger, mais au fond, l'inquiétude grandit. L'eau monte et, avec elle, l'angoisse de se retrouver complètement isolé dans cette obscurité. Il imagine les rues de Quimper se transformer en rivières, les commerces inondés, les habitants piégés.

— Vous avez besoin d'aide pour calfeutrer l'entrée ? demande-t-il, essayant de détourner l'attention de sa propre peur.

— On s'en est déjà occupés. On est venus te chercher, on préfère que personne ne reste seul. Tu montes à l'appartement, j'ai allumé des bougies partout.

La voix de Laurène est douce, mais ferme, une voix de mère, protectrice, Gaël soupire de soulagement. Il sent une vibration dans sa poche. Sur l'écran, un message de Ninon. Il appuie sur la notification et le message apparaît.

« Nous allons aussi bien que nous le pouvons avec une mise en demeure d'avocat à traiter sur le bureau. Merci, Gaël. Vraiment, merci ! Je n'avais pas besoin de ça ! »

Il hallucine. Comme si c'était sa faute s'il avait eu besoin de faire appel à une avocate. Elle n'avait qu'à respecter la convention de divorce sur laquelle ils s'étaient mis d'accord. Il relit le message du dessus : « Je ne pourrai pas te déposer Colin demain comme prévu. Aussi, je souhaitais t'informer que je quitte la Bretagne pour m'installer dans le Sud-Est. Étant donné ta condition, il est préférable que Colin reste avec moi. Je pense que tu peux comprendre que je veux le bien-être de notre fils, tu dois vouloir la même chose. » Cette phrase résonne en lui comme un coup de poignard. « *Ta* condition ». Ces deux mots s'enfoncent dans son esprit. Une colère sourde commence à bouillonner. Le tonnerre gronde au loin. Le monde autour de lui s'assombrit davantage, mais au lieu de le submerger, cela le renforce. Ce n'est plus seulement une question de garde. C'est une question de dignité, de rester debout malgré tout, de prouver qu'il est encore capable de s'occuper de son fils, malgré les ombres qui envahissent son champ de vision. Gaël serre les poings. Il sent une force nouvelle s'éveiller en lui.

— Tu as raison.

Il tend la main, et trouve dans le bras de Laurène un contact rassurant.

— Merci d'être venus.

Ils acquiescent et se préparent à sortir. Gaël fait glisser une dernière fois sa main sur le mur, comme pour se rassurer, avant de se diriger vers la porte d'entrée, guidé par les voix et la présence de ses voisins.

Chapitre 30

Dimanche 6 avril
H – 0

Chaque fibre de ses vêtements trempés colle à sa peau, les gouttes d'eau glacées dévalant le long de son cou. Tandis qu'il grimpe les marches deux à deux après Laurène, il se demande ce qu'il fait là. Dans leur résidence pavillonnaire, ses parents doivent être bien au chaud. Il les imagine réconforter Caramel avec des caresses et des friandises. Il jette un coup d'œil à Jules, juste derrière lui, une mèche de cheveux plaquée contre son front.

— Tu es sûr qu'on n'est pas dans un film d'horreur, là ? murmure Roméo, un sourire en coin malgré la situation.

Jules lui renvoie un regard amusé, ses yeux brillant légèrement dans l'obscurité, avant de lui donner un coup de coude dans les côtes.

— Tu as trop d'imagination, Roméo. C'est juste une panne d'électricité et un peu d'eau.

Roméo hausse les sourcils. Un peu d'eau ? Il a littéralement les chaussettes trempées et, à chaque pas, il peut entendre *schlop schlop*, le tissu imbibé collant à sa peau. Il jette un œil par-dessus la rambarde des escaliers et constate que l'eau continue de monter à chaque minute qui passe.

— Ouais, un peu d'eau... comme dans *Titanic*.

— De un, on n'est pas dans un bateau en train de couler ; de deux, ils devaient nager dans un océan glacial. On est quand même loin du cinéma lorsqu'on grimpe au deuxième étage pour se réchauffer chez Laurène et qu'après on passe la nuit au dernier dans ton appartement.

— On pourra au moins jouer la scène de la voiture ?

— Je ne me souviens plus très bien du film, le taquine Jules, il faudrait que je le revoie pour comprendre de quoi tu parles.

— Dommage, il n'y a pas de courant. Je te ferai une démonstration, répond Roméo.

Ils atteignent le deuxième palier et ouvrent la porte de l'appartement. Ce dernier baigne dans une chaude lumière de bougies vacillantes. À peine ont-ils franchi le seuil qu'un bruit sourd et lourd retentit.

— Gaël, tu as entendu la même chose que moi ?

— Comme un poids qui tombe ? demande Gaël.

Laurène acquiesce tout en observant autour d'elle.

— Oui, je l'ai bien entendu. C'était quoi ?

Le cœur de Roméo rate un battement.

— Aucune idée, mais je ne suis pas rassuré, souffle Roméo, grelottant d'inquiétude.

— Je ne sais pas non plus, murmure Laurène, son intonation plus tendue qu'elle ne voudrait l'admettre.

— On devrait vérifier le rez-de-chaussée, propose Jules.

Sans perdre un instant, ils se dirigent vers l'entrée de l'immeuble. L'inquiétude de Roméo grandit à mesure qu'ils descendent. Il serre la main de Jules plus fort, sentant le besoin de se raccrocher à quelque chose, à quelqu'un. Il visualise l'iceberg, et le bateau n'arrive pas à virer à bâbord. Lorsqu'ils atteignent le rez-de-chaussée, ils sont contraints de se mouiller jusqu'au-dessus des genoux.

— Ça valait la peine que je paie cent balles un nouveau pantalon pour le pourrir à jouer le technicien des eaux usées !

Roméo s'arrête de geindre lorsqu'il constate que la porte de la cordonnerie d'Élouan est ouverte. Un malaise le traverse.

— Je reste sur les escaliers, propose Gaël, je ne vous servirai pas à grand-chose en bas.

— Élouan ? appelle Laurène.

Aucune réponse ne vient. Roméo échange un regard inquiet avec Jules avant de pousser la porte plus largement. À la surface de l'eau, des morceaux de cuir et des feuilles du facturier flottent. Sur l'établi principal, les outils sont rangés les uns à côté des autres, parfaitement alignés avec les clefs dont Élouan devait préparer les doubles. En avançant dans l'atelier, les genoux du jeune homme percutent des multiprises, des sacs en tissu, des porte-clefs, des billets de dix et vingt euros qui flottent à la surface.

— Élouan ? crie Jules.

Près de la gazinière, où une théière semble attendre inutilement, le corps d'Élouan gît, inerte, à moitié englouti par l'eau glacée qui continue sa lente invasion.

Roméo reste figé sur place, l'horreur le paralysant. Ce n'est pas un film, c'est la réalité, et elle est bien plus terrifiante. Laurène pousse un cri de terreur, portant ses mains à sa bouche. Jules, quant à lui, réagit rapidement, sortant son téléphone pour appeler les secours.

— Allô ? C'est une urgence, on a besoin d'aide, rue Kéréon, au 13. L'eau monte et... Il y a une personne inconsciente, peut-être pire...

Roméo sent ses jambes trembler, comme si elles allaient céder sous son poids. Il se tourne vers Gaël, qui est resté en retrait, sa main agrippant la rambarde. L'expression sur son visage est indéchiffrable, un mélange de peur, de résignation, mais aussi de détermination.

— C'est Élouan, confirme Roméo à son voisin.

Chapitre 31

Dimanche 6 avril

Le silence règne dans le petit appartement de Laurène, seulement troublé par le faible éclat des bougies qui vacillent, projetant des ombres dans la pièce. Ils sont là, immobiles, trempés jusqu'aux os, encore hantés par ce qu'ils viennent de vivre. Laurène, Roméo, Jules et Gaël se tiennent là sans un mot. Le visage de Laurène, trahit le choc de l'événement. Ses yeux sont rougis, ses mains tremblent.

— Je n'arrive toujours pas à croire ce qui vient de se passer... Élouan, là-bas...

Sa voix est à peine un murmure, brisée par l'émotion. Elle porte une main à son front, comme si ce geste pouvait chasser la vision obsédante qui la poursuit.

— Il avait l'air tellement...

Elle s'interrompt, incapable de trouver les mots.

— Les pompiers ont fait tout ce qu'ils pouvaient, Laurène, dit Roméo, debout aux côtés de sa voisine. Ils l'ont emmené à l'hôpital, il y a encore de l'espoir.

Laurène hoche la tête, mais son regard reste perdu dans le vide.

— On ne peut plus rien faire maintenant. Tout ce qu'on peut faire, c'est attendre, murmure Gaël.

Roméo jette un regard vers Jules, à la recherche de réconfort. Sans un mot, il lui répond en pressant son bras, une présence rassurante dans ce chaos.

— On devrait monter, Roméo, souffle Jules, remarquant les frissons qui parcourent le corps de son nouveau chéri.

Roméo hésite, puis acquiesce lentement.

— Ouais, tu as raison.

Roméo se tourne vers Laurène et Gaël.

— On va vous laisser un moment. Si vous avez besoin de quoi que ce soit, on est juste au-dessus.

Laurène hoche la tête avec reconnaissance.

— Merci. Prenez soin de vous. On se retrouvera demain, d'accord ?

— D'accord, répond avant de lui adresser un dernier regard.

— Je vais y aller aussi, j'ai besoin de me reposer avant mes rendez-vous de demain, dit Gaël en se redressant légèrement.

En silence, Roméo et Jules quittent l'appartement. Ils referment la porte tout doucement, sans faire de bruit, afin de ne pas réveiller les filles endormies dans la pièce d'à côté. Ils montent lentement les escaliers, laissant derrière eux l'atmosphère oppressante du choc et de l'incertitude, pour se diriger vers le studio du dernier étage, en quête d'un moment de répit dans cette nuit interminable.

Scène 32

La scène s'ouvre dans le studio de Roméo, plongé dans la pénombre, seulement éclairé par les éclairs qui illuminent par intermittence la pièce. Les murs, nus et simples, renvoient l'éclat soudain des éclairs, dessinant des ombres furtives. Roméo et Jules entrent, trempés, leurs vêtements collant à leur peau, et referment la porte derrière eux.

Roméo, *frissonnant, s'appuie un instant contre la porte* : Il fait tellement froid ici. On devrait allumer les bougies.

Jules, *observant les éclairs à travers la petite fenêtre* : Laisse tomber, la lumière de l'orage suffit pour l'instant. Viens, on va se réchauffer.

Ils se regardent un instant. Puis, sans dire un mot de plus, ils commencent à se déshabiller, leurs vêtements gorgés d'eau tombant au sol dans un bruit sourd. Leurs gestes sont lents, presque solennels.

Roméo : J'ai l'impression que tout ça ne devrait pas être réel… Je sais que je l'ai déjà dit, mais… c'est trop.

Jules : C'est normal de te sentir comme ça. Moi aussi, ça me chamboule. Mais on est là, ensemble, et c'est ce qui compte.

Roméo : Tu te souviens quand Rose avait froid et que Cal lui a donné son manteau avec le diamant caché dedans ?

Jules : Oui, pourquoi ?

Roméo : Je me disais juste… si jamais tu as un diamant caché quelque part, c'est peut-être le bon moment de me le donner pour me réchauffer !

Ils se dirigent vers la douche. Jules ouvre le robinet, et l'eau chaude commence à couler. Ils se glissent sous le jet.

Roméo, *sous la douche, la tête baissée, l'eau coulant sur son visage* : Je n'arrête pas de penser à Élouan et à son fils. Gaël m'a dit qu'il était parti au Brésil, loin de son père… Et moi, je suis là, à quelques kilomètres de mes parents, mais on dirait qu'un océan nous sépare.

Jules, *attentif, le regardant tout en massant ses épaules* : C'est difficile, ces distances. Elles sont parfois plus grandes dans nos esprits que dans la réalité.

Roméo : Peut-être… Je me demande si je devrais faire quelque chose, essayer de réparer la fêlure avec lui. Avant qu'il ne soit trop tard, comme pour Élouan.

Jules : Pourquoi pas. On ne sait jamais ce qui peut arriver. Peut-être que ce soir est le moment pour toi de faire le premier pas.

Ils attrapent les serviettes neuves accrochées près de la douche et se sèchent avec soin. Ils enroulent ensuite les serviettes autour d'eux avant de se glisser dans le lit. Allongés côte à côte sous les couvertures, ils sentent la chaleur de l'autre, leurs mains s'effleurant. Les éclairs continuent de zébrer le ciel.

ROMÉO : Je ne sais pas si je pourrais vivre avec tous les non-dits, avec cette distance.

JULES : Tu devrais leur parler. Rien n'est définitif tant qu'on n'a pas tout tenté.

ROMÉO, *se redressant sur un coude* : Peut-être que tu as raison…

Il attrape son téléphone sur la table de chevet et l'allume. L'écran s'éclaire faiblement. Un message apparaît.

JULES, *curieux, se redressant à son tour* : Qu'est-ce que c'est ?

ROMÉO, *lisant à voix haute, avec une pointe d'émotion* : Un message de mon père. « Roméo, j'espère que tu vas bien avec cette tempête. Ici, on n'a plus d'électricité, je ne peux même pas écouter mon vinyle préféré de Montand. Je lis Prévert à la lueur des bougies. Je crois qu'il avait raison, les feuilles mortes se ramassent à la pelle, et les regrets aussi. J'espère que tu es en sécurité. Papa. »

Roméo repose lentement le téléphone.

ROMÉO : C'est la première fois qu'il m'envoie un message comme ça.

JULES : C'est un début, Roméo. Il pense à toi, même si c'est à sa manière. Peut-être que c'est le bon moment pour vous rapprocher, ne serait-ce qu'un peu.

ROMÉO : Peut-être que je pourrais répondre, lui dire que je vais bien. Et pourquoi pas l'inviter à dîner au restaurant mercredi, comme prévu avec ma mère. Ce serait un premier pas.

Jules : C'est le genre de scène que je pourrais facilement imaginer dans une pièce de théâtre : la réconciliation autour d'un dîner, les dialogues chargés de non-dits, les regards lourds de sens.

Roméo : Toujours à voir les choses comme dans une pièce de théâtre, hein ?

Jules : Eh bien, c'est une manière comme une autre de comprendre le monde. J'ai compris ça un jour, que l'on ne voit pas les choses de la même façon. J'ai appris que certains voyaient le calendrier comme une frise chronologique avec les mois qui se succèdent et une nouvelle frise qui commence au 1er janvier de l'année suivante. D'autres voient les mois comme un cercle, comme un éternel recommencement, une ronde infinie. Tu n'as pas remarqué que les agendas, en France, commençaient au lundi, alors qu'aux États-Unis, c'est le dimanche qui ouvre les pages hebdomadaires ? Ta semaine, tu la vois en colonnes, les jours les uns à côté des autres, ou en lignes, les jours les uns en dessous des autres ?

Roméo : Je ne sais pas… je n'y ai jamais réfléchi.

Jules : Quand on te dit qu'on se voit dans deux jours, tu fais comme au jeu de l'oie, tu sautes deux cases d'une frise, ou tu descends de deux marches ? Le temps, la vie, le monde peuvent être vus de tellement de façons différentes, ça me fascine ! Alors oui, moi, j'observe les gens comme au théâtre, je les imagine en comédiens, en figurants, j'imagine les lieux comme des décors en carton, de grandes feuilles dessinées selon les ambiances à créer, nos discussions comme des dialogues, tes caresses comme des didascalies. Oui, c'est ça, Roméo, j'imagine tes caresses comme des didascalies.

Roméo : Merci, Jules. Pour tout.

Jules, *les yeux brillants de tendresse* : Toujours, Roméo.

Ils se blottissent l'un contre l'autre, se laissant emporter par la chaleur de leur complicité.

Chapitre 33

Lundi 7 avril

La chambre d'hôpital est froide. C'est la première chose qu'il ressent. Le froid sur son visage, le froid dans son cou, le froid sur ses mains. Puis, comme s'il méditait en pleine conscience, il peut sentir sur le dos de sa main droite un sparadrap, quelque chose qui tire, qui pique. Oui, qui pique. C'est une aiguille. Une intraveineuse. Le liquide s'introduit en lui. Sa main gauche est plus chaude. Oui, comme si un animal était lové contre elle. Les idées ne sont pas claires. Rien n'a de sens. Pourquoi un animal lui réchauffe une main alors qu'une seringue lui injecte un produit dans l'autre ? Sur la pointe de ses orteils, un drap fin est posé. Ses ongles grattent le coton lorsqu'ils s'agitent doucement. Ses jambes bougent légèrement, puis son visage. Il tourne la tête vers la droite, comme s'il s'étirait les cervicales délicatement. Il y a du bruit autour de lui. Oui, un bruit sourd, grave, continu, celui d'une machine. Sa presse à semelles produit un son similaire lorsqu'elle est en marche. Il y a des échos, un peu lointains, comme l'agitation d'une gare. Puis, une respiration forte, familière, mais qui n'est pas la sienne. Ses paupières tremblent. La voix, sur sa gauche, le tire de sa rêverie.

— Élouan ?

Cette voix, il la connaît. C'est son Agathe. Son agapanthe, son soleil du printemps, son amour de jeunesse, sa femme depuis quarante ans. Il aimerait lui répondre, mais ses lèvres sont scellées. Ses paupières s'ouvrent avec difficulté, comme si les cils avaient été collés entre eux.

— Infirmière ! Il se réveille !

La luminosité de la pièce éblouit Élouan et ses pupilles rétrécissent aussitôt. Autour de lui, nul doute, il est dans une chambre d'hôpital. Murs blancs, draps blancs, plafonniers néons et odeur aseptisée. C'est si sinistre, pense-t-il, il se croirait dans *Et l'amour continue*.

— Élouan, tout va bien.

Il ne se souvient de rien. Il y avait de l'orage. Beaucoup d'orage. Il s'est dit que s'il perdait ses machines comme dans l'inondation de 2014, l'assurance mettrait encore des années à l'indemniser. Alors, il a pris sa camionnette, a bravé la pluie déchaînée pour se rendre à sa cordonnerie. Il a cherché à se garer rue du Parc, sur les quais de l'Odet, mais ce dernier débordait déjà tellement que la circulation était bloquée. C'est à ce moment qu'il a mis la radio pour suivre les informations. Oui, il s'en souvient très bien, la présentatrice avait une voix très aiguë, un peu nasillarde aussi. Il a changé de station. Il est remonté jusqu'à la rue Toul-al-Laër, s'est garé en bataille, a éteint la radio et a couru en traversant la place de la cathédrale, qui prenait des allures de Venise en larmes. Il a retiré ses chaussures, retroussé son pantalon, et s'est précipité dans la rue Kéréon. Il a croisé des jeunes qui s'amusaient sur une planche de surf, d'autres personnes se hâtaient de rentrer chez eux ou de se mettre à l'abri. Il n'a pas eu besoin de passer son badge pour ouvrir la porte d'entrée, il l'a simplement poussée. Des dizaines de torchons et serviettes flottaient à la surface de l'eau. Il y avait déjà près de trente, voire quarante centimètres d'eau. *Bevet Breizh*[1] *!* se souvient-il avoir pensé. Par habitude, il a appuyé sur l'interrupteur, mais aucune ampoule n'a réagi. Il est entré dans sa cordonnerie, et là, tout devient flou.

— Élouan, je suis si contente de te voir éveillé !

Sa femme lui serre la main. Il comprend que c'était ça, le petit animal qui était contre lui, au chaud. C'était la main de sa femme qui tenait la sienne. La chaleur d'un corps.

— Agathe, parvient-il à peine à murmurer.

— Ne te fatigue pas, l'infirmière arrive. Tu te souviens de ce qui s'est passé ?

Élouan acquiesce de la tête, puis articule des paroles contraires :

— Pas vraiment.

— Tu as été retrouvé par tes voisins, près de l'armoire électrique.

— Électrocuté ?

— Non, tout le quartier a eu une panne de courant hier soir, tu n'aurais pas pu t'électrocuter même si tu l'avais souhaité. Tu as dû faire une mauvaise chute, un malaise peut-être. Tu t'es cogné la tête

1. Vive la Bretagne !

Agathe passe ses doigts sur le front de son mari couvert d'un bandage.

— Et tu as atterri dans l'eau. Sans l'intervention de tes voisins, tu serais peut-être... ailleurs aujourd'hui, dit-elle, le souffle haletant.

Élouan encaisse les mots avec le sentiment que sa vie aurait pu basculer dans une tragédie en un quart de seconde. Certaines images lui reviennent. Il y avait de l'eau partout. Il a marché jusqu'à sa caisse enregistreuse qu'il venait d'acheter pour la débrancher. Ensuite, il a cherché à mettre à l'abri les clefs confiées par ses clients, notamment celles des locations saisonnières alentour qui lui font confiance depuis des années. Il s'est avancé, mais a trébuché sur quelque chose qu'il n'avait pas vu, au fond de l'eau trouble et boueuse, comme un câble de rallonge, une multiprise peut-être. Il n'a pas réussi à se rattraper avec ses mains, alors pleines des billets de la caisse, et s'est cogné contre la gazinière, point final de ses souvenirs.

La porte de la chambre d'hôpital s'ouvre sans bruit. Une infirmière entre et s'approche du lit. Elle a le regard perçant. Ses mains fines ajustent avec précision les tubes et les perfusions qui serpentent autour d'Élouan. Le léger cliquetis des instruments semble résonner plus fort dans le silence froid de la pièce.

— Comment vous sentez-vous, monsieur ? demande-t-elle en cherchant à capter le regard d'Élouan.

Elle scrute son visage pour y déceler des signes de lucidité. Élouan fixe le plafond. Ses pensées s'entremêlent dans une brume épaisse. Une de ses mains est glacée, l'autre, au chaud, lovée entre les doigts de son épouse. Elle la serre fort.

— Tout est… flou. Et j'ai froid, murmure-t-il enfin, sa respiration rauque trahissant l'effort.

L'infirmière hoche la tête, comme si ces mots faisaient partie d'un refrain qu'elle entendait souvent. Elle jette un coup d'œil à Agathe, puis reporte son attention sur Élouan, ses gestes précis et mesurés.

— Nous allons devoir faire quelques examens, dit-elle en ajustant le débit de la perfusion. Vous avez pris un coup à la tête, et il est important de vérifier que tout va bien. Ne vous inquiétez pas, c'est juste pour être sûrs.

Élouan ouvre la bouche pour répondre, mais il s'interrompt, une nouvelle vague de confusion le submergeant.

— Quelle heure… quelle heure est-il ? réussit-il finalement à articuler, cherchant des repères dans ce brouillard.

Agathe, toujours à ses côtés, lui caresse tendrement la main, comme si ce simple contact pouvait apaiser le tumulte intérieur de son mari.

— Il est 14 heures, Élouan, murmure-t-elle, sa voix pleine de douceur.

14 heures. Le nombre résonne étrangement dans l'esprit d'Élouan, comme un morceau de puzzle qui refuse de s'emboîter. Il pensait être encore plongé dans les premières lueurs du matin, perdu dans cette éternité glacée. La réalité, avec ses heures qui filent, lui échappe, le laissant désorienté.

L'infirmière, imperturbable, continue de vérifier les moniteurs, ses gestes précis contrastent avec le chaos dans l'esprit d'Élouan. Pendant ce temps, Agathe, toujours vigilante, observe chaque réaction de son mari.

Elle cherche à déceler le moindre signe de confort ou d'inquiétude.

— Pendant que tu étais inconscient, j'ai appelé Jeans, susurre-t-elle, son regard perdu dans les plis des draps. Je lui ai laissé un message... mais il n'a pas encore répondu.

Le prénom de leur fils flotte dans l'air. Élouan serre légèrement la main d'Agathe. Une multitude de sentiments muets traversent son esprit. Les non-dits, les disputes, l'éloignement... tout cela semble dérisoire à cet instant, alors qu'il lutte pour se souvenir.

— Il... il va dire que tu n'aurais pas dû le déranger avec ça, confie Élouan, un sourire ténu étirant ses lèvres sèches. Mais il s'inquiète, je le sais. Même s'il ne le montre pas.

Agathe lui sourit faiblement. Elle espère que ce simple geste suffira à combler le fossé qui semble se creuser entre eux et leur fils.

Le regard d'Élouan se perd dans le plafond immaculé. Il cherche une échappatoire à ces pensées qui l'assaillent. Mais Agathe, toujours proche, ne le laisse pas s'égarer trop longtemps.

— Un de tes voisins attend ton réveil dans la salle d'attente, dit-elle, brisant la spirale de ses réflexions. Il était vraiment inquiet pour toi.

Élouan tourne lentement la tête vers elle, une lueur de surprise dans ses yeux fatigués.

— Qui ça ? demande-t-il.

— Je ne sais pas son nom, je n'ai pas pensé à le lui demander. C'est un jeune homme qui lit du Prévert à voix haute. Il n'arrêtait pas de demander si tu allais mieux, s'il y avait des nouvelles. Il s'est vraiment inquiété pour toi.

— Roméo ! s'exclame le cordonnier alité.

Chapitre 34

Lundi 7 avril

Roméo entre dans la chambre d'hôpital, une légère appréhension dans le ventre. L'odeur aseptisée des lieux, le blanc immaculé des murs et le bip régulier des machines ne lui rappellent que trop bien les moments de fragilité, les instants où la vie ne tient qu'à un fil. Il inspire profondément avant de s'avancer.

Élouan est là, allongé dans le lit, la tête légèrement tournée vers la fenêtre. Ses yeux sont ouverts, mais son regard semble perdu dans le vide, comme s'il était encore à mi-chemin entre deux mondes. Il lui fait penser à son père, cette carapace robuste qui renferme un cœur difficile à aborder. Assise à côté de lui, celle qu'il imagine être sa femme tient dans ses doigts entrelacés un chapelet.

Roméo s'approche sur la pointe des pieds. Il ne veut pas rompre ce moment de quiétude. Agathe se tourne vers lui, un sourire fatigué sur les lèvres.

— Salut, Élouan, souffle Roméo, s'avançant enfin et s'arrêtant au pied du lit. Bonjour, madame. Comment tu te sens ?

Élouan le fixe quelques secondes avant de répondre d'une voix rauque, encore faible :

— Comme si j'avais fait un tour au fond de l'Odet. Je te présente ma femme, Agathe.

— Enchanté. On s'est inquiétés pour toi. Tous. La petite de Laurène – Rose, c'est ça ? – demandait ce matin pourquoi il n'était pas là, le monsieur des chaussures.

— Tu n'aurais pas dû venir, petit, tu dois avoir mieux à faire avec ton copain.

— Ça me tenait à cœur. Je me suis imaginé si mon père était hospitalisé, j'y serais allé.

— C'est gentil. Je crois que c'est bien ce que font les fils. Je ne t'ai jamais parlé de Jean ?

— Non, mais Laurène m'a dit qu'il était parti au Brésil pour retrouver ses... pour chercher ses origines.

— Et moi qui pensais être le concierge de l'immeuble, sourit Élouan.

— Nous l'avons adopté quand il était petit, explique Agathe, et nous avons toujours fait en sorte d'avoir une discussion ouverte avec lui sur le sujet. On ne pensait pas qu'il aurait envie, sur un coup de tête, de partir pour retrouver celle qui lui a donné la vie.

Dans son regard, Roméo peut lire qu'elle est désolée. C'est un mélange de culpabilité et de désarroi.

— Je pense que vous traversez simplement ce que tous les parents traversent. Moi aussi, j'ai contesté l'autorité de mes parents, j'ai contesté leur légitimité, j'ai contesté leur amour. Je crois que j'ai passé mes années lycée à les détester plus qu'à les aimer. J'ai eu honte de ma mère qui passait ses journées à faire du scrapbooking dès qu'elle a obtenu ses droits à la retraite, j'ai été énervé contre mon père quand il a préféré mettre la clef sous la porte de sa librairie plutôt que d'attendre de trouver un repreneur, j'ai même détesté leur chat. Je pense qu'à un certain âge, ça fait partie de notre modèle de construction de grandir en opposition à ce que nous avons connu depuis toujours.

— C'est différent pour Jean, dit Agathe.

Élouan prend une profonde inspiration, comme s'il cherchait les mots justes pour exprimer quelque chose qui le ronge depuis longtemps. Ses yeux se plissent légèrement, et sa main libre serre le drap avec une intensité qu'il ne cache pas.

— Tu sais, Roméo, élever un enfant adopté, c'est… ce n'est pas la chose que je m'étais imaginée. Pas dans le mauvais sens, hein. Non, c'est… c'est différent.

Il s'interrompt, le regard fixé sur un point invisible, quelque part dans le vide, comme s'il revoyait des scènes du passé défiler devant lui. Agathe tourne la tête vers lui, mais ne dit rien. Elle attend que son mari trouve les mots.

— Au début, j'avais peur de ne pas l'aimer comme mon propre fils, confie-t-il dans un murmure de honte. Cette peur, elle te prend à la gorge quand tu te rends compte qu'il n'est pas de ton sang. Tu te demandes si tu es vraiment fait pour être père. Si tu seras capable de lui donner tout ce qu'il mérite. Il est arrivé tout petit, tout fragile, et je me suis dit : « Et si je n'étais pas assez ? Et si je ne pouvais pas lui offrir ce qu'il cherche, ce qu'il a perdu avant même de comprendre ? »

Roméo reste silencieux, ému de cette vulnérabilité qu'il n'a jamais vue chez cet homme, rapidement jugé comme solide et ancré.

— Mais la vérité, c'est que ces peurs, elles disparaissent vite, continue Élouan. Tu le vois rire, tu le vois pleurer… et tu te rends compte que c'est ton fils. Pas un « adopté », pas un « autre ». Non, juste ton fils. Comme si c'était une évidence, comme si c'était inscrit quelque part, bien avant qu'il n'arrive chez nous.

Agathe essuie discrètement une larme qui glisse le long de sa joue, sans quitter son mari des yeux. Roméo, lui, sent son cœur se serrer face à tant de sincérité. Élouan se redresse légèrement sur son oreiller.

— Il n'y a jamais eu de différence pour nous. Jean… il est notre fils, et on l'a aimé plus que tout, dès le premier jour. On lui a tout donné, tout ce qu'on avait. Et pourtant…

Sa voix se brise, et il s'interrompt, la gorge nouée. Agathe pose une main réconfortante sur son bras.

— Pourtant, il a toujours eu cette quête en lui, cette envie de comprendre d'où il venait. J'ai toujours craint qu'il ne pense qu'il n'avait pas de racines. Comme s'il ne se sentait jamais vraiment chez lui… comme s'il lui manquait une part de lui qu'on ne pouvait pas lui donner.

Élouan se tourne vers Roméo, le regard fatigué, mais empreint d'une intensité qui le transperce.

— C'est ça qui nous fait mal, tu vois ? L'idée qu'il puisse croire qu'il n'a pas d'attaches, alors que pour nous il est tout. Je crains qu'il cherche quelque chose qui ne peut pas lui apporter ce qu'il pense. Et qu'il croie qu'on n'était pas assez, qu'on ne l'a pas aimé comme il en avait besoin.

— On a tout fait pour qu'il sache qu'il était chez lui, qu'il était aimé, qu'il avait des racines ici, avec nous.

Mais… peut-être que ce n'est pas suffisant. Peut-être qu'il ressentait toujours ce vide, cette absence indéfinissable. Ça nous brise le cœur de penser qu'il est parti parce qu'il se sentait incomplet, admet Agathe.

Élouan laisse retomber sa tête sur l'oreiller, ses yeux se ferment un instant :

— On espère juste qu'il le comprenne un jour. Qu'il sache qu'il est notre fils, qu'il a toujours eu une place, qu'il a toujours été aimé. C'est tout ce qu'on souhaite…

— Et si vous le lui disiez, aussi simplement ? répond Roméo.

Élouan semble s'endormir. Ses paupières frémissent alors que ses yeux se ferment.

— Il devrait rentrer à Quimper d'ici demain, dit Agathe, ce sera peut-être l'occasion de parler de tout ça.

— Je vais le laisser se reposer. Merci beaucoup, madame, de m'avoir permis de venir.

Roméo se lève et sort son téléphone de sa poche.

— Prenez soin de lui.

— Allô ?

Chapitre 35

Lundi 7 avril

— Merci beaucoup de ces nouvelles, Roméo, je suis soulagé qu'il aille bien. Je vais prévenir les autres voisins.

Gaël remercie son voisin du dernier étage et raccroche. Il a eu du mal à s'endormir la nuit dernière, ne pensant qu'au corps de son ami submergé. Lorsque son réveil a sonné, à 8 h 01 – 8 heures précises, c'est pour les jours de travail ; lorsqu'il doit se lever alors qu'il est en congé, il s'octroie une minute de repos supplémentaire –, il s'est extrait de son lit avec difficulté. La fatigue pesait sur ses membres et, par habitude, il a cherché à allumer la lampe de chevet, redoutant l'instant où l'ampoule resterait éteinte. L'ampoule s'est allumée d'une lumière chaude et les contours des meubles autour de lui se sont dessinés. Il a pris son petit déjeuner avec une boule au ventre, a rassemblé tous ses papiers dans une chemise en cuir et s'est habillé. Le pantalon acheté samedi le tenait parfaitement à la taille et la veste bleu marine lui créait une carrure de rugbyman qui pourrait intimider, à défaut d'un juge, au moins son ex-femme.

Il avait raison, le jeune, la silhouette qui se dessinait dans son miroir se sentait confiante et battante, prête à affronter les obstacles.

Il s'est rendu chez son avocate afin de fournir tous les documents demandés. L'endroit était peu éclairé, il a utilisé sa canne pour monter les marches, un pas de plus vers l'acceptation. Elle lui a expliqué les étapes de la requête qu'elle s'apprêtait à envoyer, de l'assignation qu'elle ferait délivrer à son ex-femme le jour même pour ne pas perdre de temps. Il a acquiescé. Elle lui a assuré que les délais n'étaient pas longs, que depuis les dernières réformes la procédure accélérée au fond ne prenait que quelques semaines selon les tribunaux. Elle a insisté sur les conséquences relationnelles d'une telle procédure avec son ex-femme et l'impact que cela pourrait avoir sur leur fils.

— Et l'impact du déménagement de mon ex sur la relation que j'ai avec mon fils, dans tout ça ? lui avait-il répondu.

Il avait signé les papiers d'une main ferme.

Maintenant, il remonte la rue du Guéodet pour se rendre chez son docteur, sa canne en avant, la boule au ventre. Il ne s'attend pas à une solution miracle, mais peut-être qu'il existe un traitement innovant, des essais cliniques qu'il pourrait suivre ou quelque chose d'immédiat comme on voit dans les séries américaines.

— Monsieur, attention ! lui crie une femme.

Il regarde autour de lui et une silhouette s'approche.

— Je vais vous aider à avancer, il y a de la boue partout sur les pavés et vous risquez de glisser.

Elle a la voix douce. Il refuse toujours l'aide qu'on lui propose dans la rue, surtout quand il ne la demande pas, mais pour une fois, sentant ses souliers glisser à chaque pas, il tend le bras et elle le lui attrape aussitôt.

Gaël patiente dans la salle d'attente. Il distingue à peine les contours des chaises et des personnes assises près de lui, des formes indistinctes qui se fondent dans un brouillard perpétuel. Sa vision n'est plus qu'une mosaïque de contrastes, les zones sombres s'opposant aux rares éclats de lumière qu'il perçoit encore.

Quand la secrétaire médicale prononce son nom, il se lève, titube, sa main s'agrippe nerveusement à la canne qu'il a commencé à utiliser quelques semaines plus tôt. Il redoute d'entendre la vérité. Terriblement. La porte se referme dans un grincement derrière lui, étouffant les bruits de la salle d'attente, et le plonge dans une bulle où le temps semble s'étirer.

— Bonjour, Gaël. Installez-vous.

Gaël s'assied, les mains moites, crispées sur le bord de la chaise. Le docteur, un homme d'une cinquantaine d'années au visage grave mais bienveillant, feuillette rapidement le dossier médical de Gaël avant de lever les yeux vers lui.

— Comment allez-vous aujourd'hui ? commence-t-il, bien qu'il sache déjà que la réponse ne sera pas positive.

— Comme un homme qui regarde le monde à travers une fenêtre embuée, répond Gaël, cherchant à injecter un peu d'humour pour masquer son appréhension.

Le docteur esquisse un sourire compatissant avant de se lever.

— Nous allons commencer par un test d'acuité visuelle, comme d'habitude. Cela nous donnera une idée plus précise de l'évolution de votre condition.

Gaël se lève, guidé vers l'appareil de test. Le docteur lui demande de s'asseoir et de fixer le point lumineux au centre de l'écran. Un point brillant qu'il distingue à peine, flou, tremblant, entouré d'une obscurité oppressante.

— Concentrez-vous sur la lumière, Gaël. Dites-moi si vous voyez les lettres qui apparaissent.

Les lettres se dévoilent une à une, mais pour Gaël, elles ne sont plus que des silhouettes incertaines, des formes qui se déforment et se dissolvent dans le néant.

— Je… je ne vois rien de distinct… que des ombres…, marmonne-t-il, la gorge serrée.

Le docteur continue le test, ajustant l'intensité lumineuse, changeant les angles, mais les résultats sont les mêmes. Gaël sent un mélange de colère, de frustration et de peur lui comprimer le souffle.

— Très bien, dit enfin le docteur, d'une voix calme. Je vais maintenant examiner vos yeux. Essayez de rester détendu.

Gaël s'efforce de respirer tandis que le docteur approche la lampe, la dirigeant vers ses pupilles dilatées. La lumière intense lui brûle la rétine, mais il reste immobile, se concentrant sur le bruit de sa propre respiration. Il la connaît trop bien, cette lumière. Il la déteste.

Le docteur prend son temps, examinant chaque détail, chaque minuscule réaction de ses yeux. Le moindre mouvement de paupière est analysé. Gaël, quant à lui, se sent de plus en plus détaché de son propre corps, cette lumière qui le traverse l'éloigne de la réalité.

Finalement, le docteur recule. Il éteint la lampe et retourne à son bureau. Le silence qui s'ensuit est suffocant. Gaël reste assis, dans l'attente du verdict. Ses mains agrippent les accoudoirs avec une force qu'il ne contrôle pas.

— Gaël..., commence le docteur. Je ne vais pas vous mentir. Votre état s'aggrave. Ce que vous voyez maintenant, ces contrastes et ces ombres, pourrait être le mieux que vous puissiez espérer. Mais... il est également possible que votre vision continue de se détériorer jusqu'à ce que vous ne voyiez plus rien du tout.

Chaque mot tombe comme une pierre dans l'esprit de Gaël. Il s'y était préparé, du moins c'est ce qu'il croyait, mais entendre ces mots, les sentir s'inscrire en lui, c'est autre chose.

— Il y a... quelque chose que nous puissions faire ?

— Malheureusement, il n'y a pas de traitement efficace à ce stade, répond le docteur. Ce que je peux vous offrir, c'est un accompagnement pour vous aider à vous adapter à cette nouvelle réalité, à apprendre à vivre avec cette perte progressive de la vue.

Gaël reste silencieux, comme s'il pouvait ignorer la réalité en la niant ainsi. Mais il sait qu'il ne peut pas fuir. Sa vie ne sera plus jamais la même, et il doit trouver un moyen de l'accepter, de continuer à avancer malgré tout.

— Je comprends..., murmure-t-il enfin, bien que ces mots lui semblent étrangers, comme s'ils provenaient de quelqu'un d'autre.

Le docteur hoche la tête, conscient du poids que ces paroles représentent pour son patient.

— Prenez le temps de digérer tout cela, Gaël. Nous sommes là pour vous, quoi qu'il arrive.

Gaël se lève lentement, sa main cherchant la canne posée près de lui. Il remercie le docteur d'une voix absente, avant de quitter le cabinet, et se dirige vers la sortie comme un automate.

Dehors, la lumière du jour semble l'agresser. Il s'y accroche pourtant. Il cherche à distinguer les formes, les ombres, les contours. Il sait désormais que ce qu'il voit aujourd'hui pourrait disparaître demain, que chaque jour pourrait être le dernier où il perçoit encore les silhouettes de ce monde.

Le monde qu'il connaissait s'éloigne un peu plus chaque jour, mais il sait qu'il doit continuer. Pas pour lui, mais pour Colin, son fils.

Lorsqu'il arrive devant son immeuble, Roméo et son copain sont en train de nettoyer la cage d'escalier pour éliminer toutes les traces de boue.

— C'est ta manière de te racheter pour avoir emprunté la serpillière de l'immeuble ? taquine-t-il Roméo.

— Tu pourrais plutôt nous demander si on a besoin d'aide ! répond Roméo, vexé.

— Avec ma vue, je serais incapable de distinguer ce qui est propre de ce qui est à nettoyer. Je passe mon tour, répond Gaël.

— Il te va très bien, ton costume, en tout cas, s'adoucit le jeune homme.

— C'est un ami qui m'a aidé à le choisir.

Roméo rougit.

— Tes rendez-vous se sont bien passés ? lui demande-t-il.

Ils essorent des torchons dans des seaux.

— Je ne m'attendais à rien, et je suis quand même déçu, rétorque Gaël.

Jules émet une moue d'approbation.

— Je suis désolé pour vous, dit-il en essorant une serpillière.

— Écoute, dit Gaël, moi, que deux garçons soient ensemble, je n'en ai strictement rien à carrer ! En revanche, si tu veux te faire bien voir de l'immeuble, Jules, il va falloir me tutoyer, s'amuse le trentenaire.

— Devenir aveugle, il s'y est habitué, souffle Roméo suffisamment fort pour que son voisin entende, mais devenir vieux, c'est un tout autre sujet.

Les trois hommes rient de bon cœur avant que Gaël ne prenne congé et monte à son appartement.

Chapitre 36

Lundi 7 avril

La pluie claque contre les pavés, répandant l'odeur du printemps mouillé dans l'air frais du soir. Roméo et Jules partagent un parapluie, leurs épaules se touchant presque, alors qu'ils marchent vers le conservatoire de la rue des Douves.

— Tu es sûr que ça ne te dérange pas que je vienne te regarder jouer ? demande Roméo.

— Absolument pas ! Je dois m'habituer à jouer devant n'importe qui !

— N'importe qui ? s'insurge le poète.

— Oh, ne commence pas, tu as très bien compris ce que je voulais dire.

Arrivant au conservatoire, ils sont accueillis par la mélodie d'un piano qui s'échappe d'une fenêtre entrouverte. C'est un monde à part qui se révèle à eux, un monde où les notes et les mots portent un poids de sens et d'émotion.

Jules mène Roméo à l'arrière de la salle principale où une dizaine de comédiens amateurs s'échauffent.

Certains étirent leurs muscles, d'autres murmurent des répliques.

— Tu veux venir voir les coulisses ? propose Jules.

Roméo suit Jules dans les méandres du conservatoire, un dédale de couloirs éclairés par une lumière intermittente. Ils arrivent dans un espace où le charme discret du théâtre se révèle dans son aspect le plus brut et authentique. Les murs sont tapissés d'affiches de pièces passées que le conservatoire a proposées au public.

Des costumes d'époques variées pendent sur des portants alignés contre le mur. Des accessoires éparpillés sur des tables – masques, épées en bois, chapeaux extravagants – attirent l'œil de Roméo. Jules attrape une cape pourpre et la fait tournoyer autour de ses épaules avec un clin d'œil complice.

— Chaque pièce de tissu ici a une âme, chaque costume a joué son rôle dans une histoire.

Ils avancent vers un petit espace où plusieurs miroirs se dressent, entourés d'ampoules lumineuses. C'est ici que les acteurs se métamorphosent, qu'ils laissent leurs propres visages pour adopter ceux de leurs personnages. Jules montre à Roméo les pots de maquillage, les pinceaux et les petits outils qui servent à transformer les visages et les expressions.

— Pendant un moment, quand tu es ici, tu oublies qui tu es. Tu deviens quelqu'un d'autre, quelqu'un qui peut être n'importe qui.

Roméo touche légèrement un masque vénitien posé sur le comptoir, émerveillé par la finesse de son travail et la manière dont il semble attendre de révéler sa prochaine identité.

— C'est incroyable, souffle-t-il, impressionné par la passion de Jules et le monde dans lequel il l'invite.

— C'est ici que je me sens le plus vivant. Et maintenant, je suis vraiment content de le partager avec toi.

Roméo observe Jules parmi les trésors des coulisses, son esprit encore imprégné des lignes de Musset qu'ils ont répétées ensemble.

— Tu as encore le texte en tête ? demande-t-il, se remémorant leur première tentative de mémorisation du texte d'*On ne badine pas avec l'amour*.

— Chaque mot.

Jules invite Roméo à s'asseoir sur un des bancs disposés pour le public du conservatoire. La scène est éclairée par des projecteurs. Leur professeur arrive sur scène et donne quelques directives à ses comédiens.

— Répétition générale ! Je vous rappelle que vous jouez la pièce dans dix jours !

Jules rejoint ses camarades comédiens sur les planches.

Jules, sur scène, ne fait plus qu'un avec le rôle de Perdican. Chaque geste, chaque expression de son visage, chaque intonation de sa voix, chaque mouvement même semble sculpté avec précision pour exprimer les conflits intérieurs de son personnage. Roméo ne sait plus distinguer quelle est la part du comédien et la part de Perdican. Tout sonne si juste.

Le décor autour de lui est minimaliste, permettant aux spectateurs de se concentrer sur les dialogues poétiques et la dynamique entre les personnages. Il y a une table, une chaise, et une affiche placardée sur un carton qui représente une fenêtre. C'est modeste. C'est théâtral.

Alors qu'il déclame son texte, Jules navigue sur la scène avec une aisance naturelle. Il s'approche parfois de ses partenaires pour un échange poignant, puis recule dans un mouvement qui semble presque chorégraphié, marquant la tension ou le conflit interne. Son timbre, clair et expressif, fluctue entre passion et douleur, amour et désillusion, capturant l'essence même de Musset.

Dans une scène particulièrement intense, Jules-Perdican débat avec Camille, jouée par une jeune comédienne au talent douteux. Ils échangent des répliques. Leurs voix s'entremêlent dans un ballet de mots qui résonnent avec la vérité des sentiments non exprimés et des passions refoulées. Jules répète avec une sincérité qui fait vibrer l'air.

— *On est souvent trompé en amour, souvent blessé et souvent malheureux ; mais on aime, et quand on est sur le bord de sa tombe, on se retourne pour regarder en arrière et on se dit : J'ai souffert souvent, je me suis trompé quelquefois, mais j'ai aimé. C'est moi qui ai vécu, et non pas un être factice créé par mon orgueil et mon ennui*[1].

Chaque mot est pesé, chaque pause est calculée pour maximiser l'impact émotionnel. La scène culmine dans un silence chargé, juste avant que les deux personnages ne se séparent, marquant un moment de catharsis palpable pour l'audience, plutôt limitée ce jour-là.

---

1. Alfred Musset, *On ne badine pas avec l'amour*, acte II, scène 5.

À la fin de la scène, des applaudissements discrets s'échappent des quelques personnes présentes. Roméo se lève, les mains encore chaudes de ses acclamations, et se dirige vers la scène d'où Jules descend, rencontrant son regard.

— Alors ?

— Tu as été exceptionnel !

Jules, luisant d'une sueur légère, remercie Roméo avec un sourire ému. Un moment de silence s'installe, rempli de non-dits et de tension palpable. Roméo regarde autour de lui, s'assurant d'une certaine intimité, avant de reprendre la parole.

— Écoute, Jules... je voulais te demander quelque chose, commence Roméo, les mains jouant nerveusement avec les manches de son pull. Le studio où je vis... il est petit, mais... je me demandais si, peut-être, tu voudrais... euh... venir y vivre. Avec moi. Juste jusqu'à ce que tu trouves un autre logement, bien sûr. Et si ça te plaît, tu pourrais... rester.

Jules l'observe, surpris. Ses yeux scrutent ceux de Roméo pour y lire sa sincérité. Un sourire lent se forme sur ses lèvres alors qu'il fait un pas vers Roméo, réduisant la distance entre eux.

— Tu es sérieux ? demande Jules.

Roméo acquiesce, incapable de rencontrer le regard de Jules, ses yeux fixés sur le sol.

— Oui, je... je comprendrais si tu ne veux pas. Je ne veux pas que tu te sentes obligé ou... À vrai dire, on se connaît depuis trois jours à peine, je sais que c'est prématuré... Oublie ce que je viens de dire, c'était ridicule...

Avant qu'il ne puisse finir, Jules pose un doigt sous le menton de Roméo, le forçant à lever les yeux.

— Roméo, je ne sais pas comment te remercier... On peut essayer, si tu veux, j'en serais très heureux, mais je ne veux pas gâcher ce que l'on a.

— Alors, je te propose qu'on essaie un mois. Ce n'est rien, un tout petit mois, non ?

— C'est déjà dix fois plus que trois jours.

— Tu ne peux pas être bon au théâtre et en mathématiques ! s'insurge Roméo.

Jules rit de bon cœur.

— Alors essayons, et si ça ne marche pas je trouverai autre chose. Enfin, je chercherai autre chose...

— Je suis si content que tu acceptes.

— Et moi donc !

Sa main glisse dans celle de Roméo, leurs doigts s'entrelaçant naturellement. Et sans un mot de plus, Jules se penche et dépose un baiser sur les lèvres de Roméo. Jules murmure, reprenant les mots de Musset :

— *Je veux aimer, mais je ne veux pas souffrir ; je veux aimer d'un amour éternel, et faire des serments qui ne se violent pas*[1].

---

1. *Ibid.*

Chapitre 37

Mardi 8 avril

La chambre d'hôpital est froide et silencieuse, seulement animée par le bip régulier des machines. Élouan fixe le plafond, perdu dans ses pensées, quand la porte s'ouvre. Il redresse un peu la tête, surpris et légèrement inquiet.

— Papa, maman..., commence Jean, sa voix trahissant son anxiété.

Il prend une chaise et s'assied à côté de son père. Il saisit délicatement sa main libre.

— Comment vas-tu ? J'ai pris le premier vol dès que j'ai eu le message de maman. Je ne pouvais pas rester là-bas, pas en te sachant dans cet état.

Agathe esquisse un sourire fatigué, mais rassurant.

— Il s'améliore, Jean. Les médecins disent qu'il n'y a rien de grave, heureusement. Ils vont le garder en observation jusqu'à ce soir, et il pourra sortir.

Élouan serre la main de son fils.

— Ce qui importe, c'est que tu sois rentré sain et sauf.

— Je suis sincèrement désolé d'être parti comme ça, j'aurais dû vous en parler !

— Ce n'est pas grave, lui répond sa mère, les yeux humides.

— Il y avait quelques mois que je préparais ce voyage. J'avais besoin d'y être, de découvrir ce pays de mes propres yeux.

— Tu aurais pu nous en parler, tu sais ? intervient Élouan. Tu peux tout nous dire. Est-ce que tu as eu tes réponses ?

Jean hoche la tête en signe d'approbation. Le soulagement de voir son père conscient et bavard l'apaise quelque peu.

— Je ne sais pas si j'y suis allé avec les bonnes questions en tête, mais oui, j'ai des réponses.

Agathe regarde les deux hommes. Elle n'avait jamais remarqué qu'ils avaient la même expression lorsqu'ils fronçaient les sourcils. L'arcade légèrement courbée, la moue qui se dessine sur leurs lèvres. Agathe est sûre : le sang ne fait pas tout. Elle suggère :

— Peut-être que, maintenant, tu peux nous parler de ton voyage, Jean. Pas seulement du trajet en avion ou des paysages que tu as vus.

— Je sais très bien de quoi tu veux parler. Je suis allé à l'orphelinat où vous m'avez adopté. Je pensais que ça éveillerait quelque chose en moi, un souvenir peut-être, mais rien. J'ai parlé avec quelques femmes qui s'occupent des enfants là-bas, mais elles n'avaient pas vraiment d'informations. Juste le nom de celle qui m'a déposé il y a seize ans. Avec seulement un nom, c'est comme chercher une aiguille dans une botte de foin au

Brésil. Puis autant vous dire que dans la ville, j'aurais déjà eu du mal à trouver une botte de foin, alors l'aiguille, j'aurais pu la chercher longtemps.

Jean se blottit un peu plus contre sa mère, puis, après un moment de réconfort, reprend son récit avec plus de détails.

— Quand j'ai enfin trouvé le village où elle vivait, je suis entré dans un autre monde. Un lieu isolé, à l'écart de la ville, un endroit où les rues non pavées se transformaient en boue sous la pluie. Les maisons étaient simples, certaines de bric et de broc, avec des toits en tôle ondulée. C'était assez étrange. Je ne m'y sentais pas forcément en sécurité. Les enfants jouaient dehors, mais leurs jeux cessaient dès qu'un étranger, comme moi, passait. J'ai trouvé sa maison, une petite masure en béton peinte d'un bleu délavé. J'ai frappé à la porte. Quand elle a ouvert, je l'ai reconnue tout de suite, même si je ne l'avais jamais vue auparavant. Elle avait mes yeux, le même regard un peu fuyant. C'est incroyable de passer une vie entière à se demander à quoi elle ressemble, et de la rencontrer enfin.

Il avale difficilement sa salive, son regard s'embuant légèrement.

— J'ai dit mon nom, qui j'étais. Sa première réaction a été de reculer. Elle a dit qu'elle ne savait pas de quoi je parlais. J'ai tenté, avec douceur, de lui expliquer pourquoi j'étais là, que je ne venais pas pour bouleverser sa vie, mais pour comprendre la mienne.

Jean serre les mains de ses parents plus fort.

— Elle m'a écouté un moment, puis, soudain, elle a refermé la porte. Juste comme ça. Sans un mot de plus. Je suis resté là, complètement perdu. C'est tout.

— Comment ça, « c'est tout » ?

— J'ai frappé de nouveau à sa porte, je suis resté plus d'une heure à attendre un signe de sa part. Elle n'a jamais rouvert.

Agathe prend son fils dans les bras.

— J'ai lu beaucoup de choses sur les recherches de parents biologiques, continue-t-il. Si certaines se terminent en retrouvailles chaleureuses, d'autres… révèlent des vérités dures, des réalités qu'on n'est peut-être pas prêt à affronter. J'ai compris que, parfois, le passé de certains est un livre qu'ils préfèrent garder fermé. Je pensais que la voir me donnerait des réponses, que je comprendrais enfin pourquoi elle m'a laissé et ne m'a pas gardé. Mais tout ce que j'ai trouvé, c'est encore plus de questions. J'ai l'impression que je resterai toujours ce gamin abandonné devant une porte fermée.

Agathe presse la main de son fils, ses yeux pleins d'amour et de compassion.

— Je suis si fier de toi, Jean, murmure Élouan avec tendresse.

— Il n'y a vraiment pas de quoi.

— Bien sûr que si ! D'avoir eu le courage de chercher, d'affronter la réalité. Quelles que soient les réponses que tu as trouvées, ou celles qui te manquent encore, tu as enrichi ta propre histoire. Et quelle que soit cette histoire, nous sommes ici, avec toi. Nous le serons toujours, tu sais ?

Jean hoche la tête. Il regarde ses parents, puis fixe ses mains jointes, cherchant les mots justes pour exprimer ses émotions complexes.

— Je ne sais pas si je suis soulagé ou plus perdu qu'avant. Là-bas, devant cette porte fermée, j'ai ressenti une sorte de libération, mais aussi une grande solitude. Comme si une partie de moi était encore là, attendant sur le seuil.

— Il est normal de ressentir tout ça, Jean, lui dit sa mère. Tu as affronté ton passé, et parfois, le passé n'est pas prêt à nous faire face. J'avais tellement peur, que tu partes et que tu ne reviennes pas. Que tu ne te sentes pas chez toi ici. J'ai toujours voulu que tu saches que, où que tu ailles ou quoi que tu cherches, ton vrai foyer sera toujours là, avec nous.

— Et maintenant que tu es de retour, dit Élouan, tu ne dois pas voir cette porte comme un terme, mais comme le début de quelque chose de nouveau. Tu as toute une vie ici, avec des gens qui t'aiment et te soutiennent.

— C'est vrai. Et je pense que j'ai besoin de me concentrer sur ma vie ici, avec vous, avec mes amis. Peut-être qu'un jour, je serai prêt à frapper à d'autres portes, ou peut-être que je trouverai ce que je cherche ici, à la maison.

Agathe et Élouan acquiescent, emplis de fierté et d'amour.

— Peu importe ce que tu décides de faire, nous serons là pour toi, dit Agathe, ses yeux brillant d'émotion.

Jean prend les mains de ses parents dans les siennes. Il les serre doucement, puis inspire profondément, les yeux fermés.

— Vous êtes tout pour moi.

— Avant que tu reviennes à la maison, j'ai une question pour toi, fils !

— Oui, papa ?

— Au Brésil, il faisait aussi beau qu'en Bretagne ?

— Pfff... tu plaisantes ? Il a plu tout le séjour. Ici, au moins, on a du soleil, s'amuse Jean.

— En Bretagne, il fait toujours beau entre deux averses !

Chapitre 38

Mercredi 9 avril
Le lendemain

Laurène descend l'escalier avec Jade contre elle, lovée dans le porte-bébé, et Rose lui donnant la main. En arrivant au rez-de-chaussée, elle croise Jules, les bras chargés d'un carton. Roméo accourt et l'aide à porter ses dernières affaires.

— Bienvenue au 13, sourit Laurène.

— Je me sens déjà comme à la maison, dit le jeune homme.

Elle les salue et sort par la porte cochère. Elle marche jusqu'à leur place de parking où Antoine les attend. Lorsqu'il voit les femmes de sa vie – comme il aime les appeler – arriver, un sourire se dessine sur son visage. Chacun s'installe sur son siège, Rose sur son réhausseur, Jade dans son cosy. Antoine fait démarrer la voiture. Un bouquet de lis blancs repose sur la plage arrière.

Sur la plage de Kermabec, loin du vacarme estival des touristes, Laurène et sa famille trouvent un havre de paix où la mer vient caresser subtilement le sable fin et doré. Ce coin isolé, caressé par les derniers rayons du soleil, offre un spectacle où le ciel et la mer se fondent en une palette de bleus et d'orange apaisants. Le murmure constant des vagues rythme le silence, s'accordant au cri lointain des mouettes et à la mélodie du vent marin.

Le vent, chargé d'iode et de fraîcheur, fait onduler les herbes hautes le long du sentier qui mène à ce recoin privé. Laurène tient Rose par la main. La petite fille avance avec un mélange d'enthousiasme et de réserve face à l'immensité de l'océan. Antoine, portant Jade bien calée dans ses bras, suit de près.

Ils choisissent un endroit près de l'eau, où les vagues froides peuvent à peine atteindre leurs pieds, et s'assoient sur le sable encore tiède. Antoine dispose délicatement le bouquet de lis blancs à la frontière où la terre rencontre l'eau, là où les vagues viennent mourir avec douceur. Il a du mal à lâcher prise. S'il desserre ses doigts, les fleurs partiront, elles seront emportées avec le reflux. Elle partira. Il le sait, s'il lâche les fleurs, elle s'en ira, et c'est tout ce qui lui reste d'elle.

Les instants s'étirent dans un silence révérencieux. Laurène, les yeux fermés, se laisse envahir par les sons de la nature, le souffle du vent et le va-et-vient des vagues. Elle ne veut pas revenir au moment présent. Elle n'est pas encore prête à affronter les questions de Rose, pas encore prête à rentrer, à admettre que c'étaient des adieux, que c'était la fin. À ses côtés, Antoine reste stoïque, ses yeux fixés sur l'horizon, tandis que leur fille, la curiosité piquée, observe les mouvements des petites créatures dans le sable.

— Maman, pourquoi on apporte des fleurs à la mer ? demande-t-elle, sa question perdue dans le fracas des vagues.

Laurène ouvre les yeux, se tournant vers sa fille avec un sourire teinté de mélancolie. La main d'Antoine a lâché prise. Les lis blancs, leur corolle recouverte de mousse, flottent à la surface.

— C'est pour nous souvenir d'Emma, ma chérie. C'est pour nous souvenir d'elle, pour nous souvenir qu'elle fait toujours partie de nous, de notre quotidien, de notre monde. Pour lui dire qu'elle fait toujours partie de notre famille, même si elle n'est plus avec nous.

— Mais… Emma, elle n'est pas dans la mer. Si ?

— Si, ma chérie, Emma est partout. Emma est dans la mer, dans le vent, dans les étoiles, et dans tous les endroits du monde. Et quand nous apportons des fleurs à l'océan, c'est une manière de nous connecter avec elle, de lui envoyer notre amour.

Rose réfléchit à cela, ses petits sourcils se fronçant en une expression de concentration enfantine.

— Alors, quand je regarde la mer et que je pense à elle, c'est comme si elle était avec moi ? demande-t-elle, cherchant à comprendre.

— Exactement. Chaque fois que tu penses à elle en regardant la mer ou en sentant le vent sur ton visage, c'est comme si elle était juste à côté de toi et qu'elle te faisait un câlin.

Rose regarde vers l'océan. Les vagues roulent sur le sable. La petite fille se tourne vers sa mère et lui offre un sourire.

— J'aime bien ça. Ça veut dire qu'Emma est toujours avec nous, pas vrai ?

— Oui, ma chérie, toujours, confirme Laurène en enveloppant Rose dans ses bras.

Antoine, écoutant l'échange entre sa femme et sa fille, ajoute doucement :

— Et si jamais tu ressens le besoin de lui parler, comme quand tu le faisais quand elle était dans le ventre de maman, nous pourrons toujours revenir ici.

Rose hoche la tête, réconfortée par cette idée, puis se blottit contre sa mère. Ensemble, ils regardent l'horizon, où le soleil commence à descendre, peignant le ciel de couleurs chaudes. Les jaunes se transforment en orange, rouge et violet. Que la nature est belle ! Ils restent assis encore un moment et regardent les vagues qui s'éloignent avec les fleurs, emportant un peu de leur tristesse avec elles.

— Au revoir, Emma, murmure Laurène, ses mots presque emportés par le vent.

— Je t'aimerai toujours, ajoute Rose.

De retour dans la voiture, les yeux bouffis par les larmes, Laurène sourit à son mari.

— Tu es sûre que tu veux toujours aller au restaurant ce soir ? On n'est pas obligés de franchir toutes les étapes d'un coup, tu sais ?

— Je crois que je préférerais rester à la maison.

— Ma chérie, dit Antoine à sa fille, assise sur la banquette arrière, ça te dérange si on fête ton anniversaire à la maison ce soir ?

— J'aurai mes cadeaux ?

— Oui, bien sûr que tu auras tes cadeaux, et on pourra se faire livrer des hamburgers si tu veux.

— Oh oui ! Avec du fromage !

Laurène cherche dans son sac à main son téléphone portable.

— Je vais appeler la crêperie pour annuler, dit-elle.

Chapitre 39

Mercredi 9 avril

Gaël est assis dans son fauteuil en cuir, celui qui grince légèrement chaque fois qu'il bouge. Il peut entendre les pas des voisins du dessus. Ce doit être la petite Rose, elle semble trépigner sur le parquet. Les doigts de Gaël glissent machinalement sur le bras du fauteuil, suivant les coutures irrégulières qu'il connaît par cœur. Le téléphone vibre brusquement sur la table à côté de lui. Gaël tend la main. Ses doigts frôlent le bord de l'appareil avant de le saisir. L'écran reste noir, invisible à ses yeux, mais il sait qui est au bout du fil.

Il décroche, les doigts un peu crispés sur le plastique froid.

— Oui ?

Il n'y a d'abord qu'un silence de l'autre côté. Puis une respiration, rapide, haletante, presque imperceptible. Enfin, sa voix éclate à travers le combiné, coupante, comme une lame aiguisée.

— Gaël, est-ce que tu es sérieux ? siffle Ninon. Est-ce que tu te rends compte de ce que tu fais ? Me convoquer devant le JAF[1] ? Pourquoi, au juste ? Parce que tu penses que tu peux mieux t'occuper de Colin que moi ?

Gaël ferme les yeux. Ses doigts serrent un peu plus le téléphone. Il sent la chaleur des rayons de soleil qui traversent sa fenêtre se poser sur sa peau. La colère de Ninon ne le surprend pas, mais elle le heurte, malgré tout. Ils ont déjà eu des conversations difficiles, mais celle-ci... il l'avait redoutée.

— Je suis sérieux, Ninon. Je veux la garde de Colin.

Il peut presque sentir la tension à travers la ligne, comme une vibration désagréable qui pulse dans ses oreilles. Il la connaît, sa Ninon. Il connaît ses silences, il connaît sa colère.

— La garde de Colin ? répète-t-elle, incrédule. Tu plaisantes ? Comment est-ce que tu... comment est-ce que tu comptes faire ça, Gaël ? Tu ne vois même pas, tu ne peux pas t'occuper de lui comme moi je le fais !

Cette phrase, elle la lui a déjà jetée au visage plusieurs fois. Sa perte de vue, cet argument implacable qu'elle utilise contre lui depuis qu'il a commencé les séries de rendez-vous chez son ophtalmologue. Mais aujourd'hui, il refuse de se laisser atteindre.

— Je ne suis peut-être pas capable de tout voir comme toi, Ninon, mais ça ne m'empêche pas d'être un bon père. J'ai le droit de passer du temps avec lui. C'était ma semaine, tu devais me l'amener et tu ne l'as pas fait.

Il l'entend soupirer, un long soupir agacé, qui roule dans son oreille comme un orage lointain.

---

1. Juge aux affaires familiales.

— Je ne pouvais pas le laisser, Gaël. Je me suis dit que… avec ta situation, c'était plus simple qu'il reste chez mes parents. Je ne voulais pas qu'il… qu'il soit un fardeau pour toi.

— « Un fardeau » ?

Gaël répète ce mot comme si c'était un poison.

— Colin n'a jamais été un fardeau pour moi, Ninon. C'est toi qui essaies de me faire croire que je ne peux pas m'en occuper.

— Gaël, tu sais que ce n'est pas facile pour moi non plus… Je… je ne sais pas ce que tu espères obtenir en me convoquant devant le JAF. Je déménage à Lyon, c'est pour notre bien. Colin pourra être dans une bonne école, et moi, j'aurai un nouveau travail. Tout sera mieux pour lui, et pour moi.

— Et pour moi, Ninon ? Qu'est-ce qui est mieux pour moi ? Que je ne voie plus mon fils parce que tu décides de déménager à l'autre bout du pays ?

Il respire lentement et s'efforce de ne pas s'emporter. Il s'ancre dans l'instant présent, ressent les éléments autour de lui, l'odeur du cuir de son fauteuil se mêlant à celle du café froid. Ce n'est pas une question de bien-être, pense-t-il. C'est une question d'amour, de droits. De son fils.

— On s'est aimés, Ninon, tu te souviens ? murmure-t-il. On a construit quelque chose. Mais aujourd'hui, tu veux effacer tout ça, tu veux m'éloigner de Colin, comme si ce qu'on a vécu ne comptait plus.

De l'autre côté, il entend un léger sanglot, presque étouffé.

— Je ne veux pas te priver de lui, Gaël, dit-elle. Je sais qu'on s'est aimés... mais regarde où ça nous a menés. On est là, à se déchirer pour Colin, comme si tout ce qu'on avait construit n'avait jamais existé.

Il se souvient des moments heureux, des promesses, des rires. Il se souvient aussi des silences, des disputes, des regrets.

— On s'est peut-être perdus, Ninon, mais ça ne change rien pour Colin. Il a besoin de moi, autant qu'il a besoin de toi. Et je suis prêt à me battre pour ça, devant le JAF, s'il le faut.

Un autre silence.

— Je ne sais pas comment on en est arrivés là, Gaël..., dit Ninon, d'un ton plus calme, presque désabusé.

— Moi non plus, avoue-t-il. Mais on est là. Et je ne reculerai pas.

Il entend Ninon respirer. Son souffle est long, comme si elle tentait de calmer la tempête en elle.

— Gaël... je n'ai jamais voulu te blesser, tu le sais, non ? Je n'ai jamais voulu que ça finisse comme ça. Mais la garde exclusive... c'est trop. Je n'ai pas... je n'ai pas refusé de te le laisser par méchanceté. J'ai juste... pensé que c'était plus simple comme ça. Mais je ne veux pas qu'on en arrive à se battre au tribunal.

Gaël reste silencieux. Il sait qu'elle essaie de faire machine arrière, de ravaler une partie de sa colère pour trouver une solution.

— Je comprends, Ninon, dit-il finalement. Mais tu ne m'as pas laissé le choix. Je veux que Colin vive avec moi, au moins une partie du temps. Je suis son père, et il mérite de passer des moments avec moi, pas seulement de te voir décider pour lui. J'irai jusqu'au bout de la procédure, s'il le faut.

Ninon ne parle pas immédiatement. Gaël l'imagine, debout dans sa cuisine, hésitant entre la colère et le regret. Est-elle seule ? Il entend un léger bruit de pas, puis enfin sa voix, adoucie mais encore pleine de cette douleur qu'elle ne peut cacher.

— Je t'amène Colin cet après-midi, lâche-t-elle, presque triste. Je ne veux pas qu'on se déchire comme ça. Je ne veux pas qu'il souffre à cause de nos disputes. J'avais posé mon mercredi après-midi pour passer un peu de temps avec lui, mais tu as raison, tu as le droit de le voir.

Gaël inspire profondément, soulagé. Mais il sait que ce n'est qu'une petite victoire. Ninon ne renoncera pas facilement, pas après ce qu'elle a dit. La route est encore longue, mais il est prêt. Pour Colin, il le sera toujours.

— Merci, Ninon, répond-il simplement.

Elle ne répond pas tout de suite, et pendant un instant, Gaël pense qu'elle a déjà raccroché.

— Je suis désolée qu'on en soit arrivés là, Gaël. Vraiment.

Et avant qu'il ne puisse répondre, la ligne se coupe, le laissant seul dans son appartement. C'était comme une confession. Un aveu à demi-mot.

Chapitre 40

Mercredi 9 avril

À l'intérieur de la crêperie, ce midi, les tables en bois usées, patinées par le temps, sont dispersées autour de la grande baie vitrée qui donne sur la rue piétonne.

À une table près du fond, Élouan, sa femme, Agathe, et leur fils Jean finissent leur repas. Élouan, encore un peu affaibli par son récent passage à l'hôpital, s'appuie légèrement contre le dossier de sa chaise. Ses mains parcourent distraitement la surface de la table, comme pour ancrer ses pensées. Face à lui, Jean le regarde avec intensité. Son regard oscille entre l'affection et une certaine nervosité, tandis qu'Agathe sourit délicatement, ses yeux scintillant d'un mélange d'amour et d'appréhension.

Roméo s'approche, portant un plateau rempli d'assiettes vides.

— Tout s'est bien passé ? Je peux vous débarrasser ? demande-t-il en se penchant.

Agathe sourit. Son regard chaleureux se pose sur lui.

— Je vous remercie, jeune homme, c'était parfait.

Roméo récupère les assiettes, l'une après l'autre, ses mouvements précis et fluides. Jean semble ailleurs. Son regard est fixé sur son père.

— Papa, commence-t-il, sa voix un peu plus tendue qu'il ne l'aurait voulu. Ces derniers jours m'ont fait beaucoup réfléchir… J'aurais aimé que tu ne mettes pas de pancarte sur ta boutique pour recruter.

Élouan lève un sourcil, surpris par le ton de son fils. Il redresse légèrement son dos, ses doigts cessant de caresser le bois de la table.

— Comment ça ? Je n'ai pas les moyens de payer une annonce dans le journal, rétorque-t-il, sur la défensive.

Jean secoue nerveusement la tête, cherchant ses mots. Son regard se fait plus intense, presque accusateur.

— Ce n'est pas ce que je veux dire, papa. Et ne t'énerve pas, tu viens tout juste de sortir de l'hôpital, fait-il remarquer avec un soupçon d'inquiétude. Ce que je veux dire. c'est qu'on cherche parfois loin ce qu'on a juste sous le nez.

Élouan, perplexe, fronce les sourcils. Il penche la tête. Il n'a aucune idée de ce que son fils essaie de lui dire. Puis, d'un ton plus léger, presque moqueur, il lance :

— Sous le nez ? Tu veux dire… la carte des desserts ?

Jean soupire, visiblement frustré par le premier degré de son père. Il se penche un peu en avant, ses coudes reposant sur la table.

— Papa, arrête de faire l'idiot, je te parle sérieusement. Pourquoi tu ne m'as pas proposé de travailler avec toi à la cordonnerie ?

Cette question suspend le temps un instant. Élouan, d'abord surpris, reste silencieux, son regard cherchant des réponses dans les visages de sa femme et de son fils.

— Depuis ton stage de troisième, tu n'as fait que critiquer l'atelier, répond Élouan, le ton de sa voix presque incrédule. Comment voulais-tu que je sache que ça t'intéressait ?

— C'était il y a trois ans, papa. Trois ans. Les gens changent, tu sais ? Moi, j'ai changé.

Élouan reste silencieux. Il passe une main sur son menton et gratte sa barbe de quelques jours. Jean attend, l'intensité de son regard ne faiblissant pas.

— Alors... c'est de là que venait ta colère ? demande Élouan. C'est pour ça que tu étais si distant ces derniers temps ?

Jean hausse sensiblement les épaules, un peu gêné.

— Je crois... je crois que oui. Peut-être que je ne savais même pas ce que je voulais à l'époque, mais maintenant je sais. Je veux essayer. Travailler avec toi.

Agathe sourit, ses yeux brillent d'émotion alors qu'elle écoute son fils prendre une décision qui, pour elle, semble naturelle. Élouan, de son côté, est touché, ému même. Il n'aurait jamais imaginé cette conversation. Il n'aurait jamais cru que Jean, son Jean, reviendrait vers la cordonnerie après ces années à la fuir.

— Je ne m'attendais pas à ça. Mais tu es sûr de toi ? C'est un métier difficile, tu le sais. Beaucoup de travail, et parfois peu de reconnaissance.

Jean acquiesce fermement. Son regard déterminé ne laisse aucune place au doute.

— Oui, papa. J'ai réfléchi. Longtemps. Je veux me reconnecter à quelque chose de vrai, de concret. Et surtout, je veux que ce que tu as bâti continue à vivre. Je veux que l'histoire de la cordonnerie... de notre famille... perdure.

Agathe laisse échapper un petit soupir de contentement, les larmes lui montent aux yeux. Elle pose une main légère sur celle d'Élouan, comme pour lui transmettre son propre soulagement.

— C'est une belle décision, Jean. Tu as toujours eu un don pour travailler avec tes mains, comme ton père, dit-elle avec un sourire qui trahit toute la fierté qu'elle ressent à cet instant.

Élouan, les yeux embués, hoche lentement la tête.

— Si c'est ce que tu veux vraiment, alors je serai heureux de t'apprendre tout ce que je sais, dit Élouan, le regard chargé d'émotion. La cordonnerie, c'est un art. Et rien ne me rendrait plus fier que de le transmettre à mon propre fils.

Jean sourit enfin, soulagé.

— Merci, papa. Ça compte vraiment pour moi.

— Et moi donc !

Chapitre 41

Mercredi 9 avril

Sur la table basse, les emballages des sandwichs sont éparpillés, les frites dispersées çà et là. Rose, assise en tailleur sur le tapis, mord dans son hamburger, ses petits doigts maladroits serrent le pain avec enthousiasme. Ses cheveux emmêlés tombent sur son front, et elle jette un regard curieux vers ses parents.

Antoine, accroupi à côté d'elle, sourit, puis se penche un peu vers elle.

— Alors, Rose, le dîner est bon ? demande-t-il, en la regardant manger avec appétit.

— Oui ! Mais… mais les crêpes… sont meilleures, dit-elle, les yeux brillants.

Laurène, installée sur le canapé avec Jade dans ses bras, relève la tête en entendant sa fille parler de son dessert favori.

— Ah, les crêpes au caramel et beurre salé ? demande Laurène.

Rose secoue la tête avec vigueur, un sourire enfantin aux lèvres.

— Oui ! Avec plein de caramel, partout, partout ! Et après, je mets les doigts dans le caramel, et je… je fais ça ! dit-elle en léchant ses petits doigts imaginaires.

Antoine éclate de rire, amusé par l'énergie débordante de sa fille.

— Ah oui, je me souviens de ça ! Et tu veux qu'on en refasse bientôt ?

— Oui ! Maintenant, maman ! Je veux des crêpes maintenant ! répond Rose, les joues pleines de nourriture, sans hésiter.

Laurène secoue la tête avec amusement.

— Pas ce soir, ma puce. Mais ce week-end, on pourra en faire ensemble, toi et moi. Avec tout le caramel que tu veux. Ça te va ?

Rose laisse tomber son hamburger sur l'assiette. Ses yeux brillent de joie, et elle sautille sur place.

— Oui ! Des crêpes ! Avec toi, maman ! Et papa, il peut en manger aussi !

Antoine regarde Laurène avec un sourire complice.

— Oh, je ne dirais pas non à des crêpes, moi non plus.

— Et Jade pourra en manger aussi ? demande Rose, les sourcils légèrement froncés comme si elle réfléchissait très sérieusement à cette idée.

— Jade est encore un peu petite pour les crêpes, ma grande. Mais toi, tu pourras en manger pour deux, d'accord ?

Rose applaudit, satisfaite. Elle attrape une frite, la trempe dans un peu de sauce et la mange avec une concentration intense. Mais après un moment, elle lève les yeux à nouveau, comme si une idée venait de lui traverser l'esprit.

— Maman, tu crois que... Emma aussi voudrait des crêpes ?

Laurène et Antoine échangent un regard chargé de douleur, ce genre de regard qu'ils partagent depuis des mois, sans vraiment en parler. Laurène inspire. Ses doigts se crispent légèrement dans les cheveux de Jade. Elle met une seconde à répondre, sa voix plus fragile qu'elle ne l'aurait voulu.

— Je crois... que ta sœur aurait adoré les crêpes, Rose. Tout comme toi.

Rose, dans son innocence d'enfant, approuve sans comprendre pleinement la charge de cette réponse.

— Alors, on en fera pour elle aussi, décide-t-elle d'un ton définitif, comme si c'était la chose la plus naturelle du monde. Je vais manger des crêpes pour elle !

Laurène ferme les yeux un instant, la gorge serrée par l'émotion. Elle sent Antoine se rapprocher, poser une main sur son genou. Le chemin est long, ils le savent.

— Oui, ma chérie, murmure Laurène en rouvrant les yeux. Tu pourras manger pour elle.

Rose reprend son hamburger, insouciante, déjà absorbée par ses propres pensées. Pour elle, tout semble simple.

Le temps est fixé. Le silence, bien qu'éphémère, est chargé d'émotions non dites, d'une douleur partagée en silence. Mais la vie, fragile et résiliente, reprend son cours. Rose, sans se soucier des non-dits qui flottent dans l'air, termine son hamburger, ses pensées déjà orientées vers l'idée des crêpes à venir. Laurène et

Antoine se regardent. Ils savent que le deuil les accompagne, un compagnon invisible qui ne disparaîtra pas facilement. Il sera là, souvent, beaucoup au début, puis petit à petit il laissera de la place à la mélancolie. Il sera là, au travail, le soir, devant la télévision, parfois sous la douche, alors qu'on le pensait loin et oublié, mais non. Il ne se fera jamais oublier. Même dans cinquante ans, alors que Laurène aura les cheveux argent, il sera encore là, dans les souvenirs, dans les sourires. Avec sa troisième fille, Laurène a rencontré l'amour, mais aussi le chagrin éternel.

Chapitre 42

Mercredi 9 avril

Gaël, assis face à son fils, observe les mouvements tranquilles du serveur qui pose devant eux deux verres. Le jus de pomme de Colin étincelle sous les lumières, tandis que le cidre de Gaël projette des reflets ambrés sur la nappe blanche.

Colin, les yeux brillants, saisit son verre avec ses petites mains.

— Merci, monsieur ! dit-il, adressant un regard rapide au serveur avant de se tourner avec enthousiasme vers Gaël. Papa, on va jouer aux Pokémon après le dîner ?

Gaël sourit à son fils, cette boule de vie qui éclaire sa soirée. Ses yeux, pourtant fatigués, retrouvent une certaine vivacité en cet instant. Il prend une gorgée de son cidre, songeant à la question qu'il avait en tête depuis plusieurs jours. Il a réfléchi, hésité, mais maintenant il sent que c'est le bon moment.

— Bien sûr, mon grand, on jouera après. Mais d'abord, j'ai une question importante à te poser, dit-il en replaçant son verre sur la table, ses doigts traçant machinalement le contour de l'assiette devant lui.

Colin interrompt son mouvement pour attraper une frite, puis lève les yeux, intrigué.

— C'est quoi, papa ?

Gaël prend une inspiration discrète, cherchant à ne pas laisser paraître l'émotion qui monte en lui. Il veut que cette conversation reste légère, que Colin la prenne comme une aventure et non comme un changement difficile.

— Tu sais, Colin, j'ai beaucoup réfléchi ces derniers temps. Et je me demandais... est-ce que ça te dirait de passer plus de temps chez moi ? De venir un peu plus souvent ?

Les yeux de Colin s'écarquillent légèrement, surpris mais visiblement intrigué.

— Vraiment ? Je pourrais venir vivre chez toi ?

Gaël sent son cœur s'emballer. La franchise et la spontanéité de son fils lui rappellent ce qu'il a de plus précieux.

— Oui, Colin, exactement. J'ai envie que toi et moi passions plus de temps ensemble. Que nous fassions des choses rien que nous deux. Si tu es d'accord, bien sûr. Tu vivrais un peu chez maman, un peu chez papa. Qu'est-ce que tu en penses ?

Colin se redresse sur sa chaise, l'excitation grandissant dans ses yeux.

— Oui, papa, ça me plairait beaucoup ! On pourrait jouer au foot dans le parc, comme avant ? Tu sais, quand on allait courir après le ballon.

Gaël rit, secouant la tête.

— Ah, je crains que ça soit un match un peu déséquilibré maintenant, mon grand. Je ne verrais pas très bien où est la balle… mais on trouvera d'autres activités. On pourra cuisiner des gâteaux ensemble, se promener dans le parc, et tu me décriras tout ce que tu vois. Ou bien on écoutera tes histoires préférées en livres audio. Ce qui compte, c'est qu'on passe du temps ensemble, toi et moi. Mais il faut que tu sois vraiment d'accord.

Colin, sans la moindre hésitation, éclate de joie.

— Je veux bien passer plus de temps avec toi, papa. C'est trop cool !

Gaël se sent libéré d'un carcan invisible. Depuis sa séparation avec Ninon, il avait toujours craint de perdre cette connexion avec son fils, cette complicité qui l'avait toujours comblé.

— C'est ce que je voulais entendre, mon grand. On fera plein de choses ensemble, promis.

— Je suis content d'être ici, papa. Chez papi et mamie à Concarneau, ce n'était pas pareil. Quand maman m'a dit que finalement je venais chez toi pour le reste de la semaine, j'étais vraiment content.

Gaël s'arrête un instant, touché. Il a toujours voulu que Colin se sente chez lui ici, et cette simple phrase suffit à remplir son cœur de chaleur. Il sait ce que c'est que d'être fils de divorcés, d'être baladé d'une semaine à l'autre, la moitié des vacances scolaires ici, l'autre là-bas, il sait ce que c'est que de jouer le relai de la haine des parents, d'être un espion déguisé. C'est en aucun cas ce qu'il souhaite pour son fils. Personne ne pourrait souhaiter cela à quelqu'un qu'il aime.

— Moi aussi, Colin, répond-il doucement. C'est tellement mieux quand tu es là.

Jules revient discrètement avec un plateau chargé. L'odeur sucrée envahit leurs narines et Colin applaudit, ravi.

— La crêpe au sucre du menu enfant pour le jeune homme, et la crêpe au chocolat et chantilly pour *vous, monsieur*, dit Jules en souriant, insistant lourdement sur le vouvoiement.

— Tu vas commencer à te faire mal voir dans l'immeuble, répond Gaël.

— Le comble pour un aveugle, plaisante Jules.

Colin explose de rire face au répondant du serveur.

— Tu oses m'attaquer sur mon handicap ? s'insurge faussement Gaël.

— Oh, ne fais pas semblant d'être en colère, ça te fait des rides sur le front. Roméo m'a dit que c'était votre jeu favori, avec Élouan.

— Il a encore quelques mois avant de prendre sa retraite, tu sais ? Ne te sens pas obligé de le remplacer tout de suite, s'amuse Gaël.

Jules se retire discrètement, laissant le père et le fils dans cette bulle de complicité retrouvée. Cette soirée est simple, presque banale, mais elle est tout ce que Gaël souhaitait. Pour la première fois depuis longtemps, il se sent complet.

Colin relève la tête, la bouche encore pleine, et déclare avec un enthousiasme débordant :

— Papa, tu sais quoi ? On va s'amuser tous les jours, et je vais te montrer tous mes Pokémon ! Et je te battrai au jeu, c'est sûr !

Gaël éclate de rire, un rire sincère, léger, qui chasse pour un instant les ombres de ses pensées.

— Je suis prêt, mon champion. Fais voir ce que tu as !

Scène 43

La brise légère de la nuit passe à travers la fenêtre de toit du studio, faisant danser les ombres sur le parquet. Roméo, nerveux, fait les cent pas tandis que Jules est assis en tailleur sur le lit. Ses yeux suivent chaque mouvement de son compagnon. Les cartons de déménagement traînent encore ici et là, témoins d'un nouveau départ.

Jules, *brisant le silence* : Alors… comment ça s'est passé avec eux ?

Roméo s'arrête et passe une main dans ses cheveux avant de s'asseoir enfin à côté de Jules sur le lit. Il soupire, lourdement.

Roméo, *croisant les bras, le regard perdu* : C'était… compliqué. Ils ont dit qu'ils essayaient de comprendre, mais, c'était comme s'ils ne me voyaient plus vraiment. Comme si j'étais quelqu'un d'autre pour eux.

Jules : Ils ont dit quelque chose de blessant ?

Roméo, *secouant la tête* : Pas vraiment. Enfin… pas directement. Mon père, surtout, il avait cette voix… tendue, tu sais ? Il m'a dit qu'ils faisaient de leur mieux, mais que ce n'était pas ce qu'ils avaient imaginé pour moi. Et ça... ça a fait mal. Comme si leur rêve pour moi s'était brisé.

JULES : Et toi, qu'est-ce que tu leur as dit ?

ROMÉO : Que je ne leur ai jamais demandé d'imaginer quelque chose pour moi. Je leur ai dit que je voulais juste qu'ils essaient. Qu'ils acceptent qui je suis, que rien n'a vraiment changé. Ma mère, elle était... (*Il marque une pause, cherchant les mots.*) Je ne sais pas comment la décrire. Elle m'a dit que c'était comme si elle devait tout réapprendre, tout redéfinir.

Jules se rapproche et pose une main réconfortante sur l'épaule de Roméo.

JULES : Ça a dû être dur pour toi.

ROMÉO, *hochant la tête* : Ouais... Je leur ai dit que pour moi aussi, ça avait été dur, mais que je suis soulagé maintenant. Je leur ai dit que je ne pouvais plus vivre dans le mensonge. Mon père s'inquiète toujours de ce que vont penser la famille, les voisins... Comme si ça importait vraiment.

JULES, *avec un léger sourire, pour apaiser* : Et qu'est-ce que tu as répondu ?

ROMÉO, *fermement* : Je leur ai dit que ça ne comptait pas. Que c'était ma vie, pas celle des autres. Je crois que j'ai été un peu plus vulgaire que ça. J'ai peut-être dit que je n'en avais rien à foutre des autres. J'ai passé trop de temps à me cacher, à avoir peur de ce qu'ils allaient penser. On est en 2025, Jules, ça ne devrait pas être aussi compliqué.

JULES : Tu leur as dit ce que tu devais dire, Roméo.

ROMÉO : On est quand même bien loin de regarder *Brokeback Mountain* ensemble.

JULES : Ils finiront par comprendre. Ils t'aiment.

ROMÉO : Si tu le dis... Ma mère s'est mise à pleurer à la fin. Elle m'a dit qu'ils allaient essayer, mais qu'ils avaient besoin de temps. Mon père a fini par dire qu'il allait faire un effort aussi. Ce n'est pas grand-chose, mais c'est un début.

Jules tire Roméo vers lui et passe un bras réconfortant autour de ses épaules.

JULES : C'est déjà énorme. Ils t'aiment, ça se voit. Ça va prendre du temps, mais ils y arriveront. Et moi, je serai là, à chaque étape.

ROMÉO : Merci.

JULES : Je suis là pour ça. Toujours.

Il lève les yeux vers Jules, curieux.

ROMÉO : Et toi ? Comment ça s'est passé, ton service à la crêperie ce soir ?

JULES : C'était un service plutôt calme. Il y avait aussi Gaël et Colin, son fils.

Roméo se redresse, intéressé.

ROMÉO : Oh ? Comment ça s'est passé avec eux ?

JULES, *hochant la tête* : Ils avaient l'air bien. Colin était tout excité, il parlait à son père comme si de rien n'était. Et Gaël avait l'air apaisé. Comme s'il retrouvait quelque chose qu'il avait perdu. Ou quelqu'un. J'ai osé quelques blagues, j'espère que je ne l'ai pas blessé.

ROMÉO : Je pense qu'il en faut beaucoup pour blesser Gaël. Au contraire, tout ça l'amuse.

Roméo serre tendrement la main de Jules, se rapprochant encore plus. Les bruits de la rue sont lointains et, dans ce moment de calme, ils se sentent enfin à leur place, ensemble.

[Rideau]

Épilogue

La salle d'audience du tribunal, froide et impersonnelle, dégage des odeurs subtiles de bois verni, de vieux papiers et d'une touche de désinfectant. Gaël ajuste sa cravate. À sa gauche, son avocate lui chuchote un dernier mot d'encouragement. Gaël est assis, les mains posées sur la table, légèrement tremblantes. L'atmosphère de la salle est imprégnée de solennité, mais il peut sentir la chaleur du soutien de ses amis derrière lui. Laurène, Antoine, Roméo, Jules, Élouan et Jean se taisent, mais leur présence se fait sentir. Cela lui donne la force dont il a besoin pour affronter ce moment.

La juge, une femme d'une cinquantaine d'années au parfum floral, parcourt les documents devant elle avec une attention méticuleuse. Ses lunettes glissent légèrement sur le bout de son nez pointu tandis qu'elle lève les yeux vers Gaël, remplie de bonté.

— Monsieur Hamon, commence-t-elle d'une voix assurée, je comprends que vous demandez que la résidence principale de votre fils Colin soit fixée en résidence alternée. Pourriez-vous nous expliquer comment vous envisagez de gérer les responsabilités quotidiennes liées à l'éducation et au bien-être de votre fils, tout en tenant compte de votre situation ?

Gaël s'efforce d'apaiser les pulsations précipitées de son cœur. Il s'est préparé à cette question, et il sait que la réponse qu'il donnera compte énormément.

— Je tiens à vous garantir que mon handicap n'altère en rien ma capacité à être un bon père pour Colin. J'ai travaillé dur pour m'adapter à cette nouvelle réalité, pour continuer à mener une vie aussi autonome que possible. J'ai dû revoir tout mon quotidien, comme installer des équipements adaptés qui m'aident à gérer les tâches de tous les jours. Colin est un enfant intelligent et sensible. Ce que je veux plus que tout, c'est lui offrir un environnement stable et aimant. Je suis également entouré d'une communauté de soutien prête à m'aider si besoin, mais je tiens à souligner que ma priorité est de m'assurer que Colin se sente aimé, en sécurité, et épanoui.

La juge acquiesce lentement, notant les propos de Gaël. Elle tourne ensuite son regard vers Ninon, assise de l'autre côté de la salle. Ninon semble tendue, mais elle se redresse pour s'exprimer avec sincérité.

— Madame Sabatier, je comprends que vous envisagez un déménagement pour des raisons professionnelles. Pouvez-vous nous en dire plus sur vos projets et sur l'arrangement que vous proposez concernant la garde de Colin ?

Ninon marque une pause avant de répondre, ses paumes moites posées sur le rebord de la table.

— Oui, Madame la Juge. Mon entreprise m'impose une mutation à Lyon, ce qui impliquerait de changer de ville et, donc, d'école pour Colin. Je sais que cela peut être déstabilisant, mais c'est indispensable pour mon avancement professionnel et notre sécurité financière. Toutefois, je suis ouverte à l'idée de mettre en place une option alternative qui permettrait à Colin de maintenir des liens étroits avec son père.

— Monsieur Hamon, êtes-vous ouvert à discuter d'une alternative ? Peut-être envisager un autre arrangement de garde, en fonction de cette situation ? Étant donné le déménagement de votre ex-femme, une garde alternée sur un rythme d'une semaine chez l'un, une semaine chez l'autre semble compromise. Nous cherchons, avant tout, une solution pour l'enfant.

Gaël se tait pendant un instant. Il ne peut nier la réalité de la situation.

— Oui, je suis prêt. Pour moi, être un bon père ne se résume pas à une capacité physique. C'est se montrer disponible, l'écouter, lui faire comprendre qu'il peut toujours compter sur moi, l'aimer. Oui, l'aimer. Je suis pleinement conscient des défis, mais je suis aussi certain que nous pouvons, Colin et moi, surmonter tout cela ensemble.

— Quelle alternative proposez-vous, monsieur Hamon ? Comprenez bien qu'un trajet en train toutes les semaines est inenvisageable pour la stabilité de l'enfant.

Gaël inspire, les idées se bousculent dans son crâne. La réalité du déménagement de Ninon s'impose à lui avec une lourdeur qu'il ne peut ignorer. Si elle partait... s'ils partaient... Il pense à Colin, à leurs moments partagés, à la possibilité de perdre ces moments avec cette distance. L'idée de voir son fils grandir loin de lui, même s'il sait que ce serait inévitable, le terrifie. Pourtant, dans ce même instant, une idée émerge, une possibilité qu'il n'avait jamais vraiment considérée, mais qui commence à prendre forme dans son esprit. Peut-être que cette situation, aussi difficile qu'elle soit, pourrait aussi constituer une opportunité.

— Eh bien, j'ai toujours rêvé de visiter Lyon. Pourquoi ne pas y habiter ?

Remerciements

J'écris toujours mes remerciements après les multiples relectures et corrections du texte. C'est devenu presque obligatoire, de remercier proches, amis, éditeur, correcteur, maquettiste, et tellement courant qu'on ne lit plus les remerciements en pensant qu'ils sont sincères[1] – pire, on ne les lit plus du tout.

Pourtant, alors que je termine la relecture de ce manuscrit et qu'il va bientôt rejoindre son public (très nombreux), je sais combien il est important pour un auteur de remercier ceux qui l'entourent pendant cette étape, parfois difficile et solitaire, qu'est l'écriture.

Je veux remercier en silence, sans noms ni formules convenues. Et simplement dire merci à ceux qui sauront se reconnaître. À ceux qui, par un mot, un geste, une présence, ont nourri ce texte. À ceux qui ont cru en moi, même dans les moments de doute. À ceux qui m'ont rappelé pourquoi j'écris, même sans le savoir.

1. Je dis « on », mais c'est surtout « je ». Ne pas faire de généralités.

Et puis, à toi, lecteur ou lectrice, qui tiens ce livre entre tes mains, merci aussi. Car, sans toi, ces pages ne seraient qu'une histoire déjà oubliée.

Cet ouvrage a été composé
par Atlant'Communication au Bernard (Vendée)

Impression réalisée par
CPI France
en mars 2025
pour le compte des Éditions de l'Archipel
département éditorial
de la S.A.S. Écriture-Communication.

#lisez! engagé
www.lisez.com
Imprimé sur du papier issu de forêts gérées durablement.
Pour plus d'information :

Imprimé en France
N° d'impression : 3059746
Rang de tirage : 01
Dépôt légal : avril 2025